# 現代中國語研究

**第 23 期　　2021 年 10 月**

## 目　录

# Contemporary Research in Modern Chinese

## No. 23   October 2021

### *Contents*

# 表示比喻的"像X似的"再考察

## 曹德和

中国　安徽大学

**提要**：文章以层次分析法三原则、向心结构理论、平行同义结构学说以及音系学和类型学的松紧理论为指导，对表示比喻的"像X似的"进行了再考察。基于"像"为非形宾动词，不具有统辖"X似的"的能力；"像X似的"的概念意义为表示状态，"像"的概念意义与其缺乏对应性；与"像X似的"平行的同义结构"和X似的"，内部层次为"和X/似的"；"好像蜂窝似的"，内部停延为"好像^蜂窝^^似的"；"喻词+喻体"与"喻体+喻词"的松紧表现高度吻合于类型学有关理论，即深层语义关系相同的"VO"与"OV"，前者结合的紧密度高于后者，文章指出："像X似的"的内部层次为"像X/似的"，内部关系为比况助词关系。

**关键词**：表示比喻的"像X似的"　　内部层次　　内部关系

## 一. 引　言

对于表示比喻的"像X似的"内部层次和内部关系应当如何分析，我国学界一直存在两种观点。一种观点认为：其内部层次为"像/X似的"，内部关系为动宾组合；另一种观点认为：就内部层次言它是"像X/似的"，就内部关系言它属于比况助词结构。笔者认肯后者，1998年为此写过文章。前些日子有位学兄给我传来他的新作，其中谈到"像X似的"时候，表示认同前者。拜读其作后我提出异议，但依据20多年前的研究怎么也说服不了他。我这才意识到，自己早年的研究尚显肤浅。于是对"像X似的"作了再考察。现根据学兄的建议和鼓励，将再考察所得形诸文字。

### 二. 以层次切分三原则为指导的再考察

这里所谓三原则系指语法层次切分的结构原则、功能原则和意义原则。结构原则是说切分出来的直接成分能够站得住脚；功能原则是说切分出来的直接成分具有相互组合的能力；意义原则是说切分出来的直接成分不仅都是有意义的单位，而且能够按照本来的意义关系整合。（吴竞存等，1982：17-57）一言以蔽之，所谓三原则就是要求"站得住""能组合""合原意"。根据结构原则，表示比喻的"像X似的"两种切分都可以；根据意义原则，切分为"像X/似的"较为适宜，有关道理邢福义（1993）早已说清楚，无需重复；这里只说从功能原则看问题。

不少学者认为，根据功能原则"像X似的"既可切分为"像/X似的"亦可切分为"像

X/似的"，例如吴竞存和梁伯枢（1992：84）就明确表示过这看法。至于为什么说得那么肯定，他们未予解释。

"X 似的"作为比况短语，属于形容词短语，对此，学界认识高度统一；"像"在表示比喻的"X 似的"之前出现，属于及物动词，对此，学界亦无不同意见。但及物动词未必都能携带形容词宾语，"像"与"X 似的"是否可以按照动宾关系组合，是需要认真审察和专门论析的。

首先意识到这一点的是朱俊阳，她赞成将"像 X 似的"定性为动宾结构，对此加以解释时她（2006）说："'像 X 似的'中的'像'是一个系动词，相当于'seem'、'look'。只有这样，我们才可以解释把'像 X 似的'划分为'像/X 似的'合理性，因为一般的动词是不可以以形容词性的成分作为它的宾语的。'像'也只有作为'seem'、'look'这类的系动词后面才能加上形容词性的'似的'结构。"

对于汉语中哪些动词可以纳入系动词范畴，尽管学界一直是见仁见智，但确有不少学者认为"像"属于系动词；而将"像"视为系动词也似乎确可起到自圆其说的作用。汉语中的"是"一直被作为系动词看待，既然"是"可以携带形容词宾语，照理说"像"亦可以。

然而从事语言研究，无论将其建立在语感判断还是类推判断基础上都是很冒险的。在深入考察过程中我们注意到，被视为像义动词的"像"并不具备携带形容词宾语的能力。黄伯荣（1998：167-172）曾对现代汉语中的形宾动词作过穷尽性列举，在他给出的词表中看不到"像"的存在。亢世勇（2004：81）曾以《现代汉语词典》和《动词用法词典》为基础，对其中的谓宾动词进行过细致考察，报告提到"像"的各种用法，包括与名词宾语结合（如"像玫瑰"），与动词宾语结合（如"像出疹子"），与小句宾语结合（如"像老人走路"），等等，但只字未提它与形容词宾语结合的情况。

近年来汉语学界盛行"语义功能语法"研究范式，提倡者认为，从事语法研究应当以形义对勘为原则。从语义出发看语形，可知无论作为像义动词的"像"还是作为比况助词的"似的"，都不具备与形容词直接组合的可能。在表示比喻的"像X""X似的""像X似的"等格式中，"像"和"似的"起着引介喻体的作用，因为比喻是借助易于把握的存在说明不易把握的存在，故而在喻体的物色上总是将易于把握的具体事物、具体动作、具体行为作为不二之选，又因为事物、动作、行为以名词、动词、动词谓语句为能指，故而在"像X""X似的""像X似的"等格式中，见于像义动词之后比况助词之前的语言单位，总是或者类属名词，或者类属动词，或者类属动词谓语句。

有学者认为，像义动词和比况助词有时也可与形容词直接结合，且看他们给出的例证：

(1) 天气好像暖和起来了。（袁明军，1996：189）

(2) 还眼巴巴飞来，说得跟真的似的，……（张谊生，2002：163）

(3) 很开心似的（黄伯荣等，2012：26）

(4) 很勇敢似的（胡华，2002：240）

(5) 范博文懒洋洋地很可怜似的说，……（胡承佼，2015）

(6) 像不知道果子是又香又甜似的，……（林玉山，2018：227）

(7) 疯狂似的又哭又笑地抽咽起来，……（吴竞存等，1992：85）

(8) 我曾经疯狂一般跳上了去他们学校的公共汽车。（张谊生，2018：241）

(9) 疯狂似的（曹德和，1998）

但以上例证难以支撑前述观点。道理在于：例(1)中的"好像"其实属于语气副词；例(2)中的"真的"不是形容词而是"的"字短语；例(3)至例(6)中的"似的"不是比况助词而是测断助词（曹德和，1998）。例(7)至例(9)亦非给力证据。从多位学者论及像义动词和比况助词可以与形容词结合，所举用例仅限"疯狂"一词；从有的学者论及同一例句（即例(8)）中的"疯狂"，时而说它是动词（张谊生，2002：163），时而说它是形容词（张谊生，2018：241），可见对于例(7)至例(9)中"疯狂"的词性，还需慎加考辨。笔者专门就"疯狂"用法作了全面调查，结果发现，"疯狂"其实是个动形兼类词，因为它不仅具有性质形容词的基本特征，同时具有自主动词的典型表现（马庆株，1988），且看有关例证：

(10) 网友，请你千万别疯狂！（澎潮《市场大潮20春》，中国和平出版社，2012年，第457页）

(11) 小咬、蚊子甭疯狂！（牡丹江农垦局北大荒文艺编辑室《在南泥湾道路上》，北方文艺出版社，1961年，第219页）

(12) 他们想带他一道去玩玩、去疯狂一阵。（安徒生《安徒生童话选》，中央民族大学出版社，2005年，第191页）

(13) 让他招呼他的哥们儿，到操场上疯狂去！（赵静《步步领先的好习惯》，河北少年儿童出版社，2017年，第16页）

(14) 我们班就为这些漫画而疯狂着……（伍美珍《酸酸甜甜友谊派》，浙江少年儿童出版社，2019年，第103页）

(15) 你曾经不顾一切地疯狂过吗？（韩大茄《你不必按照别人的经验去生活》，中国友谊出版公司，2017年，第134页）

可以肯定，如果吴竞存和梁伯枢出版《现代汉语句法结构与分析》之前注意到"疯狂"上述表现，绝不会把例(7)中的"疯狂"归为"表示某种性状的谓词"即形容词（吴竞存等，1992：85），同时绝不会认为表示比喻的"像 X 似的"可以有两种分析；如果笔者发表《试说"似的1"和"似的2"及相关语句的辨别》之前注意到"疯狂"上述表现，绝不会断言作为比况助词的"似的1""似的2""对所依附的词语没有什么词性上的要求"，（曹德和，1998）而且当时就会依据层次分析的功能原则，对"像 X 似的"属于动宾结构的观点加以证伪；如果前面提到的那位在"疯狂"定性上前后不一的同仁注意到该词上述表现，也就不会在该词的定性上摇摆不定，更不会最终遗憾地作出舍正取误的选择。

因为在表示比喻的"像 X 似的"格式中，"X 似的"属于形容词性质的助词短语，"像"属于不能携带形容词宾语的及物动词，根据层次分析的功能原则，可知表示比喻的"像 X 似的"，其内部层次为"像 X/似的"，内部关系为比况助词关系。

## 三. 以向心结构理论为指导的再考察

被视为结构主义语言学学说体系重要组成部分的向心结构理论（endocentric construction theory）由美国语言学家布龙菲尔德所创立，后为美国语言学家霍凯特等学者继承发扬。该理论认为绝大多数复合短语与其核心构素（head）有着句法功能上的共同性，据此可以对复合短语与其核心构素进行形类(form-class)上的归并，从而起到以有限形类说明无限话语的作用。(Bloomfield，1933：193-206；Hockett，1958：183-190) 向心结构理论基于英语特点而提出，加之它对有关操作缺乏具体交待，引入我国后不断有学者提出，该理论未必适用于汉语。或许因为在"知"的方面，它有助人们对于语言递归性和经济性的认识；在"行"的方面，它有助短语功能类的建立，有助句型系统的层次划分，有助繁简转换规律的总结，有助句法中心与语义重心的鉴别，故而尽管质疑之声不断，但在汉语研究中它依旧保持着强大影响力。无论布龙菲尔德还是霍凯特，都未将动宾短语明确归于向心结构范畴，不过汉语研究者普遍认为，根据动宾短语与其核心构素所表现出的句法功能共同性，还是应当将它作为向心结构看待。(朱德熙，1984；史有为，1984：164；陆丙甫，1985；施关淦，1988) 目前我国学界在表示比喻的"像 X 似的"定性归类上意见不一，在此情况下，自然可以利用向心结构理论加以检验。如果前述格式确属动宾关系，那么根据向心结构理论，"像 X 似的"与其中的"像"应当具有句法功能上的共同性。有吗？且看调查结果。以下例(16)至例(19)全面反映了"像 X 似的"分布情况：

(16) 像蜂蜜似的是那罪恶的诱惑，像黄金般灿烂是那成串的允许，……（王炳根《蔡其矫集》，海峡文艺出版社，2016 年，第 5 页）

(17) 看到这么多的人围上来，躺在担架里的疯子便缩成一团，惊恐地低叫起来。那声音像鸭子似的。（余华《河边的错误》，群众出版社，2009年，第164页）

(18) 当他的身子一接触到她那温暖而又光滑的皮肤时，顿时感到像触了电似的。（[德]孔萨利克《冒名新郎》，安徽文艺出版社，1992年，第72页）

(19) 教授叹了一口长气，便十分小心地用他的手掌心揩拭他的像，一面皱着眉头，不愉快地摇动着他那个像喇叭管子似的鼻子。（读者杂志社编《放肆爱大师》，敦煌文艺出版社，2016 年，第 6 页）

(20) 他妈的，你每次像跑100米似的赶到音乐大楼干啥？（方忠《台港散文40家》，中原农民出版社，1995年，第544页）

(21) 你可以把那只鲫鱼汤多烧烧，把汤煮得像牛奶似的……（陆文夫《陆文夫散文》，浙江文艺出版社，2015年，第39页）

在以上用例中，表示比喻的"像 X 似的"分别出现在主语（例(16)）、谓语（例(17)）、宾语（例(18)）、定语（例(19)）、状语（例(20)）、补语（例(21)）位置上，即此可知，它可以充当各种句法成分，尽管充当主语的情况难得一见，且此时通常需要指示代词相伴随（如"那像松树似的是甘蔗""那像勺子似的是北斗星""那像草堆似的是竖立在麦草和积雪下面的雕像群"等等）。以下例(22)至例(26)全面反映了"像"的分布情况：

(22) 装完货，普布次仁说："你的大卡车看上去就像一头壮实的牦牛！"我说："很多人也这么说。"普布次仁说："他们说得没错，确实很像。"（万玛才旦《撞死了一只羊》，花城出版社，2018 年，第4 页）

(23) 爱一个不爱你的人，就像在机场等一艘船。（张云帆等《谈判官》，长江出版社，2018年，第688页）

(24) 但是啊，冷酷的爱人，你的爱情让我觉得像烙铁和烈火。（[俄]阿赫玛托娃《俄罗斯白银时代诗选》，山东文艺出版社，2018年，第511页）

(25) 那个理想把他，像小孩玩的气球，吹胀起来，使他比他的本身扩大了多少倍。（老舍《四世同堂》，中国言实出版社，2017年，第915页）

(26) 即使你是一只斑马，必要时还得表现得像一只狮子。（李志敏《高贵的忠告》，民主与建设出版社，2015年，第45页）

在以上用例中，表示比喻的"像"相继出现在谓语（例(22)和例(23)）、宾语（例(24)）、状语（例(25)）、补语（例(26)）位置上，且不论见于何处通常总是与宾语结伴而行。单独使用的情况也有，但极为罕见，目前笔者仅发现两例，其中一例即例(22)中的"确实很像"。同时调查显示，表示比喻的"像X"，除非后面跟有助词，否则不会在主语或定语位置上出现；另外，如果后面没有助词，它通常不能直接作状语。例(25)堪称特例。之所以这样说，乃因百般搜寻，也没能找到第二个类似用例。内含于某个向心结构的核心构素与含有某个核心构素的向心结构，因为构成因子有别，彼此句法功能不可能榫合无间。但是把"像X似的"视为动宾短语，则该向心结构与其核心构素句法功能差距过大。吴竞存、梁伯枢注意到，在表示比喻的"像X""X似的""像X似的"三种格式中，就句法功能看，"像X似的"离"像X"远而离"X似的"近。以下例(27)至例(32)全面反映了"X似的"分布情况：

(27) 另一个老人说："你是记错了吧。水浪似的是某某，不是某某。某某脾气暴，你骑它？……"（金曾豪《青角牛传奇》山东人民出版社，2016年，第144页）

(28) 马云心里明镜似的，自己找的是投资商，而并不是投机商。（葛鹏超《马云的电商航母》，北京工业大学出版社，2014年，第189页）

(29) 她心里立时感到猫抓似的，一时倒不知怎么做好。（引自陆俭明《析"像……的"》）

(30) 他带着大包小包的婴儿用品，小心翼翼地扶着企鹅似的小杨走进医院。（翟之悦《如水似铁》，百花洲文艺出版社，2019年，第94页）

(31) 柳黄鹂儿伸了伸腰，踢了踢腿，拧了个旋子，一片流云似的消逝了。（刘绍棠《春草与狼烟》，北京十月文艺出版社，2018年，第303页）

(32) 紧绷纱布的肢体硬得木头似的，各个关节一动就出血。（袁漪《通向冠军之路》，河南人民出版社，1983年，第46页）

在以上用例中，表示比喻的"X似的"分别出现在主语（例(27)）、谓语（例(28)）、宾语（例(29)）、定语（例(30)）、状语（例(31)）、补语（例(32)）位置上，尽管见于主语位置的情况有如凤毛麟角，但总体而言它具有充当各种句法成分的能力。

为清晰显示比喻性的"像X似的""X似的"以及"像X"句法功能上的异同，我们制作了下表：

| 句法成分<br>句法功能<br>比喻格式 | 主语 | 谓语 | 宾语 | 定语 | 状语 | 补语 |
|---|---|---|---|---|---|---|
| 像 X 似的 | √ | √ | √ | √ | √ | √ |
| X 似的 | √ | √ | √ | √ | √ | √ |
| 像 X | × | √ | √ | × | √ | √ |

据此可以清楚看出，所谓"像 X 似的"句法功能更接近"X 似的"并非捕风捉影。正因为注意到前述事实的存在，在"像 X 似的"定性归类上，吴竞存、梁伯枢（1992：92）明确表示："'像……似的''……似的'都可以较自由地充当定语、状语，而'像……'不能作定语，也很少作状语用，这一现象给我们提供了一个信息，'像……似的'结构作'似的'结构处理（像……/似的）似乎更合理些，如把它作述宾结构处理（像/……似的），在解释'像……似的'充当定语、状语时会遇到麻烦(一般的组合性述宾结构不能直接作定语，也绝少直接用作状语)。"尽管以上论述只字未提向心结构理论，但该理论重视整体与部分句法功能对应的思想，在两位先生的有关抉择上无疑起到重要作用。

或许有人会提出质疑，向心结构是就复合短语而言，核心是就实词成分而言，将"像 X 似的"作为比况助词短语看待，意味着将其纳入派生短语范畴，派生短语不属向心结构而属离心结构；另外，"X 似的"并不是什么实词性成分，与向心结构无关，拿向心结构理论说事，以证明"像 X 似的"为比况助词短语，岂不乱弹琴？

对此我们的回答是：从布龙菲尔德（1933：202）对"in the house"的分析可知，在其深层意识中，区分向心结构与离心结构只是手段而非目的，目的在于揭示短语与核心的句法对应性。借鉴向心结构理论，更应看重的乃是该理论提出的初衷，而不必买椟还珠，过度在意手段层面上的区分。[1]陆丙甫（2006）认为，结构主义语言学所说的核心其实是指表达核心，鉴别短语核心应从意义入手，亦即看短语与构素在概念上的对应性。下面让我们看看，借助陆丙甫提出的短语核心鉴别法能否解决"像 X 似的"定性归类问题。

在一个相当长的时期里，语言研究者普遍认为在表示比喻的"像 X""X 似的""像 X 似的"等三种格式中，作为像义动词的"像"与作为比况助词的"似的"都是用于引介喻体，都是用于表示比喻，就作用看没有什么不同。也正因为如此，多年来学界一直以"喻词"统一称之。（黄伯荣等，1983：506）如果有关认识始终停留于上述阶段，那么无论将"像(X)"还是"(X)似的"视为核心，因为二者概念意义无别，则不得不遗憾地认为，对于"像 X 似的"定性归类，陆丙甫提出的短语核心鉴别法无能为力。令人欣慰的是，近年来随着有关研究的不断推进，有学者意识到，"像 X"与"X 似的"尽管都是作为比喻格式而存在，都具有表示相像以及表示状态的作用，但"像(X)"是以显在的、直接的方式表示相像，以隐在的、间接的方式表示状态；"(X)似的"是以显在的、直接的方式表示状态，以隐在的、间接的方

---

[1] 如何看待向心结构与离心结构区分，学界颇多争议。陆丙甫（1985，2006）对此有独到见解，可参阅。

式表示相像；概言之，"像(X)"主要作用在于表示相像，而"(X)似的"主要作用在于实现喻体的状态化。（朱俊阳，2006、2010；胡承佼，2015）以上认识是正确的。石毓智（2001：215-220）曾对表示相像的实词"如""若"与表示状态的词尾"如""若"进行过结合考察，结果发现前者与后者同出一源，后来之所以分道扬镳，与不同句法分布有着很大关系。表示比喻的"像(X)"与"(X)似的"，尽管都起着引介喻体的作用，但前者见于喻体之前，后者见于喻体之后，以上区别的存在必然会影响到各自的句法表现以及语义特征。通过前面讨论已知，"像(X)"的概念意义是表示"相像"，"(X)似的"的概念意义是表示"状态"；那么"像 X 似的"的概念意义是什么？认为"像 X 似的"属于动宾结构者，只承认"X 似的"在"似的"作用下已经状态化，而不承认"像 X 似的"由于"似的"影响亦已状态化。其实就概念意义言，"像 X 似的"与"X 似的"没有什么不同，从前者可以如后者一样自由出现在定语和状语位置上，可知前者亦已状态化；否则它们不会具有上述句法共同性。黄伯荣领衔主编的《现代汉语》很早就对比况短语加以介绍，但以往的具体说明，只是列举同"X 似的"有关的用例，至于同"像 X 似的"有关的用例是否属于比况短语，则语焉不详。在最新推出的《现代汉语》中，他改变了做法，明确表示："比况短语有两种格式，一是'……似的 / 一样 / （一）般'，另一种是'像 / 好像 / 如同……似的 / 一样 / （一）般'，它们的语法功能是一样的。"（黄伯荣等，2012：47）根据语义功能语法，既然"像 X 似的"与"X 似的"语法功能是一样的，那么它们的语义基础也是一样的，亦即都是表示"状态"。前面谈到，根据陆丙甫提出的短语核心鉴别法，作为核心存在的短语构素，应当与所在短语具有概念意义上的对应性。现已明了，作为短语构素的"像(X)"的概念意义是表示"相像"，"(X)似的"的概念意义是表示"状态"；同时业已明了，作为短语的"像 X 似的"的概念意义是表示"状态"，明乎此，自然也就不难明了，在"像 X 似的"之中，谁是核心谁不是核心。因为对于"像 X 似的"句法功能和语义表现来说，起决定作用的是"(X)似的"，即此可知，表示比喻的"像 X 似的"，其内部层次为"像 X/似的"，内部关系为比况助词关系。

## 四. 以平行同义结构学说为指导的再考察

这里的同义结构是指狭义的同义结构。对于狭义同义结构与广义同义结构的区别，陈宗明（1984：351-352）曾有如下论述："狭义的同义结构和广义的同义结构，在逻辑上有很大的差别。一般讲来，狭义的同义结构，各个表达式之间的区别以语形上、语音上、语感上为多；至于意义间的差别，往往微不足道，可以忽略不计。因此，这样的同义结构可以看作不同的语词指号传达了相同的内容，或者说，不同的语言形式表达了同一命题。"这里的平行乃指"在一个特定的语言环境里可以互相代替"。（张涤华等，1988：309）

现代汉语中与表示比喻的"像 X 似的"有着同义结构关系的语法形式为数甚多，这里只谈下面四种：

  a. 跟 X 一样

  b. 跟 X 似的

  c. 和 X 似的

  d. 与 X 一般

上世纪 80 年代初，朱德熙在《说"跟……一样"》（1982）一文中，以"这儿的耗子跟猫一样"等为例，对 a 式作过分析。指出："跟 X 一样"内部层次为"跟/X 一样"，其中的"跟"不是介词而是动词。理由有三：其一，"X 一样"离开"跟"能够站得住；其二，表示比喻的"跟 X 一样"与表示比较的"跟 X 一样"意思完全不同，构造不可能一样；其三，"跟"后头没有跟它相配的主要动词，很难说它是介词。它恐怕跟"像"一样是一个动词，只不过没有"像"那样具体的词汇意义罢了。几乎在同一时间，陆俭明发表了题为《析"像……似的"》（1982/2001：29-34）的文章，其中以"跟电线杆似的"等为例，对 b 式作了分析，该文认为，"跟 X 似的"应当分析为"跟/X 似的"，其中的"跟"应当视为动词。理由亦为三点：其一，"X 似的"虽为谓词性结构，但可以充任某些动词的宾语(如"感到猫抓似的")；其二，"跟"不能看作介词。"似的"是结构助词，如果把"跟"视为介词，等于说介词结构可以修饰结构助词"似的"，或者说"似的"可以同一个介词结构组成助词结构，而这两种说法都是站不住的。其三，这里的"跟"是动词，表示"像、好像"义。从词义发展变化的角度说，动词"跟"指在后面紧接着向同一方向行动，由此引申出"像、好像"的意义是完全可能的。

朱德熙和陆俭明乃是有着极高声望的学术领军人物，自上述文章发表后，除了以邢福义为代表的少数学者，整个汉语学界几乎不假思索地接受了他们有关"跟 X 似的"[2]应当如何分析的观点。然而要让该观点长期维持久盛不衰局面，事实上很难，因为严格地说它明显存在五处"硬伤"：

硬伤一，层次切分原则包括"站得住""能组合""合原意"。对"跟 X 似的"进行层次切分，将第一刀切在"跟"与"X 似的"交界处，切出来的成分都能"站得住"，但"站得住"只是"能组合"的必要条件而非充分条件。

硬伤二，形同实异句法结构的区别有时未必表现在构造层次上，如表示未安装某种防护设备的"没有锁"与表示未发挥某种防护设备作用的"没有锁"即为其例。所谓"意思完全不同，构造不可能一样"，存在千虑一失之憾。

硬伤三，能够充当心理动词"感到"的宾语不等于能够充当系词"像"的宾语，以彼证此缺乏说服力。

硬伤四，所谓介词结构不能与"似的"组成比况性助词结构的说法经不起事实检验。且看有关用例：

(33) 前天我看见一个，倒倒脚，大包牙，脸和铁锅似的，……（胡洁青等编《老舍剧作全集》，中国戏剧出版社，1982年，第70页）

(34) 这样一代一代经过了许多年岁，才在笔直的巉岩上，开垦出和罗丝纹似的一块一垅的土地。（冯德英《苦菜花》，解放军文艺出版社，1978年，第1页）

(35) 这个运用得有声有色，把儒者、诗人、名士、大将，所该有的套数全和演戏似的表现得生动而大气。（老舍《我这一辈子》，安徽文艺出版社，2018年，第8页）

(36) 南京路、爱多亚路、四马路、霞飞路，都亮得和白昼似的。（萧红《马伯乐》，凤凰出版社，2010年，第66页）

(37) 虎贲郎将钱世雄、孟义，亦跃过中流，与麦铁杖先后杀人，十荡十决，差不多与

---

[2] 为便捷叙述，这里将"跟 X 似的"作为"跟 X 一样"和"跟 X 似的"的代表。

猛虎一般，……（蔡东藩《南北史演义》，中国言实出版社，2018 年，第 658 页）

(38) 在他走上大道时，不由回头一望。于是看到刚才离开的茅屋出现了与红日一般的颜色。（余华《余华精选集》，北京燕山出版社，2011年，第120页）

(39) [心贯白日]……谓心地与太阳一般光明。极喻坦诚，磊落。（汉语大词典编纂处《汉语成语大辞典》，上海辞书出版社，2007年，第912页）

(40) 指甲换了朱红的颜色，红得与鲜血一般，……（池莉《池莉作品选》，长春出版社，2002 年，第 254 页）

例(33)至例(40)为 c 式、d 式具体表现，其中的"和 X""与 X"为介词短语，通过以上用例可知，它们不仅可以同"似的""一般"组成比况性助词结构，而且可以以结合体的形式充当谓语、定语、状语、补语等句法成分。

硬伤五，表示比喻的"跟 X 似的"，其中的"跟"并没有表现出"相像"义；认为它具有"像、好像"义，是将构式义当成了构素义。另外这里的"跟"既不能独立作谓语亦不能在"X"相伴的情况下作谓语，亦即并没有表现出任何动词特征，在此情况下，只能认为它不仅依然保持着作为介词的词汇意义，同时依然保持着作为介词的句法属性。否则，将不得不推而广之，认为 c 式、d 式中的介词亦已发生词义和词性上的变化。

上文依据学理和事实，以表示比喻的"像 X 似的"为参照系，就与其平行的四种同义结构，在对勘互证基础上进行了全面深入的反思性考察，结果显示：以往对于"跟 X 似的"权威性分析看似正确其实不然。包括"跟 X 似的"在内的前述同义结构，与表示比喻的"像 X 似的"，彼此有着句法上的高度平行性。通过对其句法特征尤其是组合层次的考察，可知表示比喻的"像 X 似的"，内部层次为"像 X/似的"，内部关系为比况助词关系。

## 五. 以音系学、类型学松紧理论为指导的再考察

这里的松紧是指语法结构中单位与单位结合的松与紧。在语法结构中，单位之间的结合总是存在着松紧之别，一般规律是，结合得越松则所处层次越外，结合得越紧则所处层次越内。（沙平，2000：206）也正因为如此，在语法结构内部层次和内部关系鉴别上，不少学者将内部结合松紧作为重要观照窗口。

刘丹青曾以框式介词理论为指导对"像 X 似的"进行过研究。在《汉语中的框式介词》（2002）一文中他说：有学者分析过"像 X 似的"的层次，结论是"像"的层次高于"似的"；"用本文的单用测试和并列测试也能得出同样的结论"。所谓"单用测试"是指考察一个简单的框式结构，看前置词和后置词哪个可以单独与 NP 组成可用单位，以及看同现的前置词和后置词哪个可以省略。考察结果是："他像狐狸似的狡猾"中的"像"可省而"似的"不可省。故此他认为，表示比喻的"像 X 似的"，其中"像"处于外层而"似的"处于内层。所谓"并列测试"是指考察一个复杂的框式结构，看其中是一个前置词可以统辖两个后置词短语，还是一个后置词可以统辖两个前置词短语。例如可以说"在桌子上和书架上"，不可说"在桌子和在书架上"，基于在前述复杂的框式结构中，是一个前置词统辖两个后置词短语，故可断言，在前述结构中，"在"处于外层而"上"处于内层。作者没有具体说明为什么根据并列测试，在"像 X 似的"中只可能是"像"处于外层而"似的"处于内层，或许是他注

意到，汉语中存在"像猛虎似的，疾风似的"之类说法，而不存在"像猛虎，像疾风似的"之类表述。（王世群，2013）不言而喻，作者考察表示比喻的"像 X 似的"结构特点，是以内部结合的松与紧为抓手。在他看来："像"之所以可以在不破坏结构体生存基础和基本功能的情况下省略，全因为"像"是一个处于松散外层上的结构单位；由若干"X 似的"组成的并列结构之所以为"像"所统辖，全因为"似的"是一个处于紧密内层上的结构单位。

对于刘文所谓单用测试和并列测试，我们不拟置评；这里只想指出的是：刘文运用两种测试法审视"像 X 似的"过程中，存在以偏概全的缺憾。

先说单用测试中的以偏概全。根据前人以及笔者的研究，"像 X 似的"中的"像"并不是什么羡余成分，至少说在以下场合，它多半不可省略。

其一，当"像 X 似的"中的喻体是以无定数量名短语出现时，特别是以省略了数词的量名组合出现时（邢福义，1987），"像"一般来说或无论怎么说都不可省略。例如：

(41) 婉小姐款步走过那些鹅卵石子铺成的弯曲的小径，阿巧像一个影子似的跟在她身后。（茅盾《茅盾选集》第 4 卷，四川文艺出版社，1994 年，第 482 页）

(42) 就在这时，爸爸也来了，平时也是个旱鸭子的爸爸此时也游得像一条鱼似的。（陈海英《挖个坑把自己种在森林里》，光明日报出版社，2012 年，第 58 页）

(43) 狮子很快就能站起来了，像条小狗似的舔着安德鲁克里斯的手。（[英]约瑟夫·雅各布斯编《伊索寓言》，现代出版社，2019 年，第 67 页）

(44) 一个女孩子家，长那么高个子，像根电线杆似的。（[韩]李帅雅《麻雀变变变》，漓江出版社，2006 年，第 92 页）

其二，当"像 X 似的"前面有状语成分时（刘杰，2010），"像"往往不可省略。例如：

(45) 就这样，简直像济公似的，硬是把她的性命捡了回来。（郭鸿等《风流人物》，漓江出版社，1990 年，第 223 页）

(46) 我可吓死了，就像偷奸似的，不敢对任何人讲，一切照常。（新凤霞《人世琐忆》，河北人民出版社，1997 年，第 253 页）

(47) 接着就筑起一道高高的水泥墙，把自己圈在里面。活像坐牢似的。（杨敏《春天的话语》，云南人民出版社，2000 年，第 466 页）

(48) 在大学校园里谈恋爱真像上班似的，天天见面，一起上课、一起吃饭、一起去图书馆自修、一起看电影、一起跳舞……（姜丰《爱情错觉》，浙江文艺出版社，1996 年，第 97 页）

其三，当"像 X 似的"中的喻体由名词充当且"像 X 似的"直接出现在由名词充当的本体之后时，"像"大多不可省略。例如：

(49) 大鱼渐渐露出面目，脑袋像人脸似的一条鲢鱼，可把法医激动坏了……（钟道新《权力场》下，时事出版社，2002 年，第 397 页）

(50) 记者在逍遥津动物展区爬行馆，看到这条约两尺长、通体金黄色、鳞片像铜钱似的蛇，……（新华网合肥电《罕见金蛇现合肥》，《胶东在线》2004 年 6 月 15 日）

(51) 就在这个泉水上头，山岩上头雕一个观音。底下的石头像云似的，……（钱绍武《中国古代雕塑》，百家讲坛，2012 年 4 月 4 日）

(52) 人呼吸时，空气从呼吸道进入肺。肺像海绵似的，有许许多多肺泡。（中国少年儿童百科全书《自然·环境》，浙江教育出版社，1991 年，第 536 页）

其四，当"像 X 似的"中喻体表现形式较长且不够通俗典型时（李咏春，2005），"像"通常不可省略。例如：

(53) 他的手又大又粗，握着她怯怯地伸过来的小手，像握着一只小鸟儿，生怕伤害了似的，……（谌容《梦中的河》，海峡文艺出版社出版，1996 年，第 88 页）

(54) 无法击退那些记忆和烦恼，只好任凭它们纷纷袭来，包围着她，像兀鹰等待一个人咽气似的。（[美]玛格丽特·米切尔《飘》上，吉林文史出版社，2017 年，第 444 页）

(55) 刘太生的猛然到来，人们像发高烧的患者吃了块冰凌核似的那么痛快，一下把他围住了。（冯志《敌后武工队》，北京燕山出版社，2000 年，第 32 页）

(56) 她笑，那是饱孕了人生的辛酸，像蓦然梦醒，回想起梦中险巇似的，……（罗文英编《名家散文》，华中科技大学出版社，2014 年，第 80 页）

我们高度赞赏刘文下列观点，即汉语后置词的产生并非仅仅基于语用表达上的需要，同时也是基于语法组合上的需要，不过即便如此，就"像 X 似的"而言，其中"似的"语法作用主要表现在需要让"像 X"充当定语或状语，而"像 X 似的"中的"像"其实同样具有语法作用，且语法用场不比"似的"少，亦即它并非属于可有可无成分。

再说并列测试中的以偏概全。刘文声称并列测试的结果亦表明，在"像 X 似的"内部前置词的层次性高于后置词。尽管他未曾详述考察过程，但可以肯定，他将前述方法验之于"像 X 似的"的时候，注意到的只是诸如例(57)至例(60)之类用例：

(57) 想象到无数闪闪烁烁可爱的星，无数象山似的，马似的，巨人似的，奇幻的云彩：……（茅盾《天窗》，《太白》1934 年第 5 期）

(58) 浑身上下全痛得像要粉碎了似的，针刺似的，火烧似的，……（杨沫《青春之歌》，北京燕山出版社，2000 年，第 120 页）

(59) 好像万马奔腾似的、怒潮似的、海啸似的，山崩海倒似的，……（李丹郎《胜利者》，大新印书局，1973 年，第 443 页）

(60) 烦恼仿佛钞票似的、垃圾似的，可以卸下来，存进去，或者扔掉。（[美]刘荒田《"仿真洋鬼子"的胡思乱想》，花城出版社，2002 年，第 139 页）

单纯根据以上用例，确可断言，在表示比喻的"像 X 似的"内部，前置词的层次性高于后置词。然而汉语中同时存在着诸如例(61)至例(66)之类用例：

(61) 你是不能看我这些蝇头小字的，而且又划得像船像蟹似的字迹，你是不爱的。（陈学昭《献给我的爱母》，同心出版社，2010 年，第 38 页）

(62) 那些像水沫，像雾似的黄尘，从对面的车身后边扑到我的脸上、身上。（远帆主编《丁玲散文》，内蒙古人民出版社，2004 年，第 113 页）

(63) 第一是枣子树，屋角，墙头，茅房边上，灶房门口，它都会一株株地长大起来。像橄榄又像鸽蛋似的这枣子颗儿，……（郁达夫《郁达夫精品文集》，团结出版社，2018年，第82页）

(64) 从我十六岁到十八岁的那两年，我简直像个囚犯，像个遭到屏弃的人似的，生活在我的家人中间。（[奥]斯台芬·茨威格《一个陌生女人的来信》，华夏出版社，2000 年，第 18 页）

(65) 一种如洪水如雪崩如脱缰野马如奔涌泥石流般的原始欲望在它心底翻腾，……（沈石溪《板子猴》，少年儿童出版社，2013年，第176页）

(66) 如诗如歌，如梦如幻，如絮絮叨叨般地诉说被背叛了的人们的丑恶行径，……（董宏猷《一棵树也是风景：董宏猷的22堂文学课》，崇文书局，2017年，第79页）

如果仅仅根据以上用例，则又可以断言，在表示比喻的"像 X 似的"内部，后置词的层次性高于前置词。人们不禁要问，前置词与后置词究竟谁处外层谁处内层？[3]

语法研究有"向上看"和"向下看"两种角度。"向上看"是看某被考察单位进入上级单位后以什么样的身份出现，"向下看"是看某被考察单位由哪些下级单位通过什么样的方式构成。（吕叔湘，1979：32）有关经验教训表明：在"向上看"的场合，可以适当"复杂化"，例如本文运用向心结构理论对"像 X 似的"的句法功能加以考察时，便采取了适当"复杂化"的做法，亦即不是仅仅把眼光盯在"像 X 似的"身上，而是与其变体即"像 X"以及"X 似的"结合起来对勘观照；而在"向下看"的场合，则不可不最大限度地"单纯化"，亦即首先需要彻底排除语用环境的外部干扰，其次需要尽量排除非句法因素的内部干扰。何以必须如此，周明强在《句子的停延和句法结构的关系》（2002）一文中已经给予清楚说明，有兴趣者可参看，这里不再转述。

关于如何在最大限度"单纯化"前提下探悉语法关系的松紧，柯航（2008：83-107）最近作了很好的尝试。基于在许多方言中，语法单位彼此结合的松与紧直接影响到载体的声调表现，包括变还是不变，这样变还是那样变，她通过有关语料的广泛收集和精细分析，建构了几近涵括所有语法结构类型的汉语语法松紧等级系统。考察"像 X 似的"内部结合的松与紧可否借鉴前述方法？不行。因为普通话的连调表现与语法结构之间并不像某些方言那样，有着直接而紧密的对应联系。这就意味着，要了解在"像 X 似的"结构中，何处结合得比较紧何处结合得比较松，得另辟蹊径。

此时我们立马想到的是根据音系学的松紧理论，从语法停延考察入手。曹剑芬（2007：390）曾指出："在自然话语中，韵律结构与语法结构往往是不一致的，因此，我们不能完全用语法结构来代替韵律结构。但是，来自自然话语分析的种种迹象又表明，话语的韵律结构还是以句法结构为基础的。尤其是无标记的(default)重音分布和韵律边界强度，往往跟句法结

---

[3] 根据起先完成的书稿（2003），对于在"像 X 似的"中，"像"与"似的"谁处外层谁处内层，刘丹青一度很犹疑。当时他实际上表达了三种观点：（ⅰ）谁外谁内还"还难以确定"（2003：160）；（ⅱ）将"似的"视为外层单位"像"视为内层单位"可能更合理一些"（2003：160）；（ⅲ）根据单用测试和并用测试"像"的层次高于"似的"。（2003：172）只是到后来撰写有关论文（2002），他才作出只认同观点(ⅲ)的抉择。

构以及句法成分之间关系的松紧程度具有一定的关系。"其所谓"无标记的重音"乃指非语用性自然重音，其所谓"韵律边界强度"主要指语言单位交界处语法停延表现。这段话不是随便说的，而是建立在深入研究基础上的，即此可知，将语法停延作为探视语法结合松紧的窗口，由显观隐，不无可行性。

从语法停延切入考察"像 X 似的"内部结合的松与紧，诚如前述，首先需要将有关短语由动态短语变身为静态短语（范晓，1985/2019：401-402），亦即首先需要割断被考察对象同语用环境的外部联系；其次需要最大限度地排除非语法因素的内部干扰。因为相关成分的长度会影响到语法结合的松紧度（初敏等，2004：138），为此需要压缩被考察对象结构成分的长度；又因为在语音组织规律作用下，一般来说，当起首构素和后续构素均为单音节时，二者结合比较紧；当起首构素为单音节而后续构素为双音节时，二者结合比较松；当起首构素为双音节而后续构素为单音节时，二者结合比较紧，为避免语法松紧考察受此影响，则又需要让被考察对象以"双音节+双音节+双音节"的形式出现。职是之故，本文决定将以下六例作为考察对象：

    a. 好像蜂窝似的

    b. 好像斑秃似的

    c. 如同翡翠一般

    d. 如同猛虎一般

    e. 仿佛雪崩一样

    f. 仿佛地震一样

在此似需给予三点说明。其一，考察"像 X 似的"却以"好像 X 似的""如同 X 一般""仿佛 X 一样"为替代，乃因为在表示比喻的前述格式中，"像"与"好像""如同""仿佛"均属像义动词，"似的"与"一般""一样"均属比况助词（黄伯荣等，2002：66），"像 X 似的"与"好像 X 似的""如同 X 一般""仿佛 X 一样"，彼此在组成单位、结构方式以及构式意义上具有高度平行性，以后者代前者，既不会影响有关考察的可靠性，又可以避免单音节的"像"在语音组合规律作用下产生的干扰。其二，a 至 f 六例取自实际话语，没有一例为杜撰。其三，不是仅仅考察一两个用例，而是同时考察多个用例，乃因为适当扩大考察范围有助于提升研判的准确性。

初敏等（2004）将汉语语法停延分为六级，对"好像蜂窝似的"等进行停延考察，没有必要搞对号入座，而只需明确，考察对象内部的较大停延见于何处。考察结果显示：较大停延见于比况助词之前而不是见于像义动词之后。如"好像蜂窝似的"，以"^"表示较小停延，"^^"表示较大停延，其内部停延乃是"好像^蜂窝^^似的"，而非"好像^^蜂窝^似的"。

有学者指出，比况助词属于虚词，虚词具有依附性，在与前面实词结合时总是结合得比较紧（李凤杰，2012：157）。如果面对的只是该学者所提及的"花园似的"之类，情况确实如此；但如果上述用例的前面同时有"好像""如同""仿佛"等像义动词存在，则比况助词与前面实词结合的紧密度低于像义动词与后面实词结合的紧密度。因为作为像义动词的"好像""如同""仿佛"不具备携带形容词宾语的能力，无法直接与"花园似的"之类直接组合；要想保留比况助词，则得割断"花园"与"似的"联系，让"好像""如同""仿佛"等等与"花园"先行结合；然后将"似的"缀加在结合体后面。由于"好像"等与"花园"结合在前在内，"似的"与"好像花园"结合在后在外，"似的"与"花园"结合的紧密度自然不及"好像"等与"花园"结合的紧密度。

探悉"像 X 似的"内部结合的松与紧，还可通过语言类型学研究成果的利用。根据前贤研究，比况助词"似的"来自后置像义动词"似"的增生，后置像义动词"似"来自后置像义短语"相似"的缩略（李思明，1998；钟兆华，2011：405；杨永龙，2014）。在汉语史上，前述后置像义动词和后置像义短语并非只能后置，与喻体结合时其实是可前可后。以下为前置用例：

(67) 新坟将旧冢，相次似鱼鳞。（[北朝·周]释亡名《五盛阴诗》）

(68) 师问："师兄见大虫似个什摩？"归宗云："相似苗（猫）儿。"……归宗却问："师第（弟）见大虫似个什摩？"师云："相似大虫。"（《祖堂集》卷十六）

以下为后置用例：

(69) 虎狼似恶公人，扑鲁推拥厅前跪。（《新校元刊杂剧三十种·魔合罗》）

(70) 师上堂云："此事似个什摩？闪电相似，石火相似，火焰相似，霹雳相似。……"（《祖堂集》卷十一）

在现代汉语中，"相似"出现于喻体之前的用法似乎早已绝迹；而"相似"和"似"出现于喻体之后的用法也已十分罕见，偶尔露面，与"相似"结合的喻体，前面往往有介词"与""和"等相伴；与"似"结合的喻体，前面每每有像义动词"像""如""似"等偕行。例如：

(71) 忽然一道闪电相似，那如花似玉的女子飞出马背，抓住场边柳树那摇曳的枝条，……（刘绍棠《春草与狼烟》，北京十月文艺出版社，2018 年，第 180 页）

(72) 只有那些罪大恶极的人才与魔鬼相似，他决定去监狱寻找原型。（李晓媛《微笑的花语》，中国言实出版社，2017 年，第 4 页）

(73) 她本来是何等活泼可爱的一个小姑娘，却给我打得半死不活，变得和骷髅相似，……（金庸《天龙八部》，花城出版社，2005 年，第 1027 页）

(74) 鞭炮响起了，我们都祈祷能多捡几个哑炮，鞭炮刚响完，我们就一窝蜂似冲上去，……（高明光《此去经年》，团结出版社，2015 年，第 85 页）

(75) 尹白看过台青的一双手，水葱似，柔若无骨，摸不到关节，但愿她懂得烧开水。（亦舒《七姐妹》，中国戏剧出版社，2003 年，第 116 页）

(76) 乔雪像蚂蚁见蜜糖似，立即飞扑过去，跟那些年轻人打打笑笑，闹作一团。（梁凤仪《豪门惊梦》，中国戏剧出版社，2004 年，第 89 页。）

(77) 车子终于如蚂蚁爬行似，才到达跑马地。（梁凤仪《弄雪》，中国戏剧出版社，2005 年，第 20 页）

(78) 尹白看见父亲这个样子，眼泪早似珠子似滚下脸颊，死忍都忍不住。（亦舒《七姐妹》，中国戏剧出版社，2003 年，第 140 页）

陆丙甫、应学凤（2013）根据类型学研究指出，如果同一动词，其论元有后置和前置两种分布——如"吃过了饭"与"饭吃过了"——则所构成的两类组合总是表现出如下不对称：

Ⅰ．"VO" 内部难以插入其他成分，而 "OV" 可以；Ⅱ．"VO" 关系无需额外标志提示，而 "OV" 有时需要；Ⅲ．"VO" 关系鉴别通常分歧较小，而 "OV" 关系鉴别往往分歧较大；Ⅳ．"VO" 内部结合较紧，而 "OV" 内部结合较松。以上四点在汉语像义动词身上可以说得到充分体现。例如 "相似"，尽管与后置论元结合过程中它已一定程度词汇化，但是与前置论元结合时它无疑是以短语身份出现，在此场合 "相" 是个附着于 "似" 的修饰成分，该成分之所以能够挤入 "OV" 结构，乃前述Ⅰ所使然。又如前面谈到，现代汉语中的 "相似" 已基本丧失与喻体独立结合的能力，结合的话则通常需要给喻体加上介词标记，而这乃前述Ⅱ所使然。再如，在如何认识诸如 "X 似" "X 相似" 之类 "OV" 结构以及诸如 "X 似的" 等准 "OV" 结构的内部关系上，我国学界一直存在不同意见，有的同仁认为晚唐五代时期 "（X）似的" 即已虚化，"（X）相似" 的虚化亦为其后不久的事情，（钟兆华，2011：394、405-406）而有的同仁认为 "（X）似的" 时至今日也没有完全虚化，至于 "（X）相似" 更是始终保持着实词性；（叶建军，2021）有的同仁认为现代汉语中的 "X 似的" 乃为主谓关系，（郝光顺，1989）而有的同仁认为 "似的" 不具备充当谓语的能力。（朱德熙，1982；陆俭明，1982/2001：33）之所以存在以上分歧乃前述Ⅲ所使然。还如语法停延考察显示，在 "好像蜂窝似的" 等用例中，喻体同前置喻词结合的紧密度，高于同后置喻词结合的紧密度，而这乃前述Ⅳ所使然。[4]

综上，汉语中表示比喻的 "像 X 似的"，无论根据音系学还是类型学的松紧理论加以考察，其内部层次都不是 "像/X 似的" 而是 "像 X/似的"，其内部关系都不是动宾关系而是比况助词关系。

## 六. 结束语

表示比喻的 "像 X 似的" 自 1982 年提上语言研究议事日程，迄今已近 40 年。尽管这是个不起眼的小课题，但诚如史有为（2013：61）所言："作为语言科学，哪怕是一个很小的现象也都是值得关注的，都有研究的必要。因为在研究之前，谁都不能判定其价值的有无。" 由于 "像 X 似的" 乃为诸多因素作用的产物，事实上有关它的探讨不仅有助提升研究方法的综合运用水平，同时有助加深对于语言规律的全面认识。本文在对 "像 X 似的" 进行再考察过程中，高度重视理论的指导作用，努力使相关理论各展其能；同时高度重视制约因素的把握和控制：一方面细致做好语料的收集工作，力避以偏概全；一方面注意操作方法的严谨化，如严格区分比喻与测断，严格区分比况助词与测断助词，严格区分静态表现与动态表现，在考察语法停延时努力排除非语法因素的内外干扰。但愿以上尝试，对于推进有关研究，不无参考价值。

**参考文献**

曹德和，1998. 试说 "似的 1" 和 "似的 2" 及相关语句的辨别，《新疆大学学报》第 2 期，p100-103。
曹剑芬，2007. 基于文本信息的韵律结构预测及其在合成系统中的应用，曹剑芬《现代语音研究探索》，p162-167，商务印书馆。

---

[4] 不少从事框式介词研究者只关注前置词和后置词的中介性而不大关注它们的语法属性。陆丙甫等学者（2013、2020）以及笔者的研究表明，前置词和后置词的语法属性直接影响着它们在有关结构体中的分布层次，对其语法属性不可不辨。

陈宗明，1984.《逻辑与语言表达》，上海人民出版社。

初　敏、王韫佳、包明真，2004. 普通话节律组织中的局部语法约束和长度约束，《语言学论丛》第三十辑，p129-146，商务印书馆。

范　晓，1985/2019. 试论静态短语和动态短语，范晓《范晓语法论文选集》，p401-411，复旦大学出版社。

郝光顺，1989. 谈"像……一样/似的"结构，《松辽学刊》第 4 期，p70-76。

胡承佼，2015. 比况助词教学补议，《学语文》第 1 期，p66-69。

胡　华，2002.《语言系统和语用因素》，东北师范大学出版社。

黄伯荣、廖序东，1983.《现代汉语》（下册），甘肃人民出版社。

黄伯荣、廖序东，2002.《现代汉语》（下册），高等教育出版社。

黄伯荣，1998.《动词分类和研究文献目录总览》，高等教育出版社。

黄伯荣、李　炜，2012.《现代汉语》（下册），北京大学出版社。

亢世勇，2004.《面向信息处理的现代汉语语法研究》，上海辞书出版社。

柯　航，2008. 从连读变调看句法结构的松紧度，《语法研究和探索》第十四辑，p83-107，商务印书馆。

李凤杰，2012.《韵律结构层次：理论与应用》，天津大学出版社。

李思明，1998. 晚唐以来的比拟助词体系，《语言研究》第 2 期，p131-138。

李咏春，2005. "述语+得+'像 X 似的'"结构研究，上海师范大学硕士论文。

林玉山，2018.《汉语语法发展史稿》，厦门大学出版社。

刘丹青，2002. 汉语中的框式介词，《当代语言学》第 4 期，p241-253+316。

刘丹青，2003.《语序类型学与介词理论》，商务印书馆。

刘　杰，2010. 汉语相似范畴研究，暨南大学博士论文。

陆丙甫，1985. 关于语言结构的内向、外向分类和核心的定义，《语言研究和探索》第三辑，p238-351，北京大学出版社。

陆丙甫，2006. 不同学派的"核心"概念之比较，《当代语言学》第 4 期，p289-310+379。

陆丙甫、完　权，2020. 附缀的分布与黏着性，《解放军外国语学院学报》第 4 期，p44-52+160-161。

陆丙甫、应学凤，2013. 节律和形态里的前后不对称，《中国语文》第 5 期，p387-405+479。

陆俭明，1982/2001. 析"像……似的"，陆俭明《陆俭明选集》，p29-34，东北师范大学出版社。

吕叔湘，1979.《汉语语法分析问题》，商务印书馆。

马庆株，1988. 自主动词和非自主动词，《中国语言学报》第 3 期，p157-180。

沙　平，2000.《汉语描写语法学方法论》，厦门大学出版社。

施关淦，1988. 现代汉语里的向心结构和离心结构，《中国语文》第 2 期，p265-274。

史有为，1984. 语法组合的层次、核心与叠印关系，北京语言学会编《语言学和语言教学》，p158-176，安徽教育出版社。

史有为，2013. 初始过渡语异想，史有为《寻路汉语语言习得与对外汉语教学研究》，p50-64，商务印书馆。

石毓智，2001.《语法的形式和理据》，江西教育出版社。

王世群，2013. 现代汉语框式介词研究，南京师范大学博士论文。

吴竞存、侯学超，1982.《现代汉语句法分析》，北京大学出版社。

吴竞存、梁伯枢，1992.《现代汉语句法结构与分析》，语文出版社。

邢福义，1987. "象·（名·似的)"还是"(象·名)·似的"，《汉语学习》第 3 期，p1-3。

邢福义，1993. 从"似 X 似的"看"像 X 似的"，《语言研究》第 1 期，p1-6。

杨永龙，2014. 从语序类型的角度重新审视"X+相似/似/也似"的来源，《中国语文》第 4 期，

p291-303+383。

叶建军，2021. 近代汉语中“X 如 Y 相似”类平比句式的类别、来源及相关问题，《通化师范学院学报》第 1 期，p37-51。

袁明军，1986. 试论包含形容词宾语的述宾结构，《语言学论辑》第 2 辑，p184-196，北京语言学院出版社。

张涤华、胡裕树、张　斌、林祥楣，1988. 《汉语语法修辞词典》，安徽教育出版社。

张谊生，2002. 《助词与相关格式》，安徽教育出版社。

张谊生，2018. 《助词的功用、演化及其构式》，商务印书馆。

钟兆华，2011. 《近代汉语虚词研究》，中国社会科学出版社。

周明强，2002. 句子的停延和句法结构的关系，《语言教学与研究》第 3 期，p35-42。

朱德熙，1984. 关于向心结构的定义，《中国语文》第 6 期，p401-403。

朱德熙，1982. 说“跟……一样”，《汉语学习》第 1 期，p1-5。

朱俊阳，2006. “似的”和“似的”结构，华东师范大学硕士论文。

朱俊阳，2010. “似的”结构，《世界汉语教学》第 3 期，p346-353。

Bloomfield, Leonard.1933.*Language*, Holt, Rinehart & Winston, New York.

Hockett, Charles F. 1958.*A course in modern linguistic*. Macmillan, New York.

（曹德和　cdhwwb@163.com）

# A Re-examination on the Metaphorical Pattern“像 X 似的”

## CAO Dehe

Abstract: Guided by the three principles of analytic hierarchy process, centripetal structure theory, parallel synonymous structure theory and “loose tight” theory of phonology and linguistic typology, this paper re-examines the metaphorical pattern of “像 X 似的”. Because “像” is a verb that cannot carry the adjective object and doesn't have the ability to control“X 似的”, the conceptual meaning of“像 X 似的”is to express the state of sth./sb., and the conceptual meaning of “像” has no corresponding relation with it. The internal level of the synonymous structure“和 X 似的”which is parallel to“像 X 似的”is“和 X/似的”, and the internal pause-extension of “好像蜂窝似的” is “好像^蜂窝^^似的”. The expression of “figurative word + figurative body” and “figurative body + figurative word” is highly consistent with the theory of typology, that is, there is a same deep semantic relationship between “VO” and “OV”, and the former is more closely connected than the latter. This article points out that the internal level of“像 X 似的”is“像 X/似的”, and its internal relationship is the relationship of metaphorical auxiliary words.

Key words: Metaphorical Expression “像 X 似的”;　Internal Level;　Internal Relationship

作者简介：

曹德和，男，南京市人，复旦大学博士，安徽大学教授，博士生导师。

# 动词重叠历时研究中的几个用例辨析 [1]

## 王 姝

中国　吉林大学

**提要：** 宋元以后表量减的动词重叠有两种表现形式："V一v"（看一看）和"Vv"（看看）。哪种形式先产生，哪种形式后产生，在学界是有争议的。认为先有"V一v"后有"Vv"是主流观点，但也有学者认为先有"Vv"后有"V一v"，并给出了真实存在的用例。本文对这些用例进行逐一分析，指出这些用例虽然在汉语史上真实存在，但引用者犯了语感上以今律古的毛病，他们举出的那些重叠式有的不是重叠式，有的是量增重叠式而非量减重叠式；因而这种观点不构成对主流观点的挑战。

**关键词：** 动词重叠　V一v　Vv

## 一. 引 言

### 1.1 相关研究的简单回顾

与本文直接相关的动词重叠式历时研究成果主要有以下这些：

（一）在汉语史上，从语义上看曾有两种动词重叠式：表量增的"VV"和表量减的"Vv"。宋代以前的动词"VV"重叠式的语法意义是表量增的（太田辰夫 1958/1987：175；卢卓群 2000；潘国英 2008 等）；表示量减的动词"Vv"重叠式出现在宋元时期（向熹 1993，卢卓群 2000 等）。这方面有大量的经验证据，将下面两组用例进行对比，就可以直观到这一点：

**宋及宋以前的"VV"式是表量增的：**

去去不可追，长恨相牵攀。（曹操《秋胡行》）

栖宿岂无意，飞飞更远寻。（唐《同綦毋学士月夜闻雁》）

"去去"是越去越远，"飞飞"是越飞越远，明显都表量增。

**宋元以后出现表量减的"Vv"式：**

儿子去去便归。（《京本通俗小说·至诚张主管》）

行者道："老弟略等等儿，我们去了就来。"（《西游记》）

"去去"是稍稍离开一下，"等等儿"即稍微等一会儿，明显表量减。

（二）宋元以后量减重叠式有两种表现形式："V一v"（看一看）和"Vv"（看看）。两种形式并非同时产生，这是学界共识。但是哪种在先哪种在后，则有两种截然对立的观点：

---

[1] 本文受吉林省社会科学基金项目"紧缩——汉语构式生成机制研究"资助，项目编号：2020C093.

A 观点：先有"V — v"，后有"Vv"且二者有派生关系（"V — v"省略"一"而有"Vv"）。

B 观点：先有"Vv"后有"V — v"。

A 观点产生最早，是学界主流看法，支持这个观点的有王力（1943），太田辰夫（1958），范方莲（1964），向熹（1993），张赪（2000）等。

B 观点由徐正考（1990）首倡，支持者有李英哲（2000），李珊（2003），李文浩（2007）等。

B 观点持有者包括两种情况：李英哲（2000）使用来自闽方言的证据；徐正考（1990），李珊（2003），李文浩（2007）等则声称发现了早在唐五代时期就已经存在的表量减的"Vv"语料（注意：A 观点认为宋元以后才有表量减的"V — v"，"Vv"则更晚。详见张赪 2000）。

两种观点截然对立，但至今没有形成讨论，因为 A 观点持有者对 B 观点没有回应。然而 B 观点持有者使用的语料年代确切，用例真实，选择忽略显然不是应有的学术态度。

### 1.2 本文宗旨

本文支持 A 观点，具体做法是逐一分析支持 B 观点的所有用例，指出这些用例虽然在汉语史上真实存在，但引用者犯了语感上以今律古的毛病，他们举出的那些重叠式有的不是重叠式，有的是量增重叠式而非量减重叠式。因而 B 观点构不成对 A 观点的挑战。至于李英哲（2000）提供的闽方言证据，其实也是无效的，我们会在余论部分做一点简单的分析。

## 二．B 观点用例分析

持有 B 观点的学者主张汉语史上先有"Vv"后有"V — v"，理由是唐五代已经出现了少量的表短时、尝试的"Vv"用例，而此时还没有表短时的"V — v"。这一观点由徐正考（1990）首倡，此后李英哲（2000），李珊（2003），李文浩（2007）等都努力发掘更多证据来支持这一看法。笔者认真考察过这些学者用来支撑他们观点的所有用例（10 个），发现了他们对这些语料的各种误读。其情形大致分为三类，下面分别分析。

### 2.1 误读量增为量减

我们在"1.1"中说过，宋以前的 VV 重叠式是表量增的，可是有的学者将其误读为量减式。例如：

（1）上堂拈起挂杖云：看看，三千大千世界一时摇动。（《云门匡真禅师语录》）（徐正考 1990）

（2）上堂：看看，山僧入拔舌地狱去也。（《五灯会元卷 19》）（徐正考 1990）

（3）入穹崇之室宇，步步心惊；见傥閬之门庭，看看眼磀。（《游仙窟》）（徐正考 1990）

（4）奈何将军，游游沙幕（漠），傥如骨肉，陷在房庭，言不人之所笑（《敦煌变文》）（李文浩 2007）

（1）（2）两例里的"看看"是提示语——提示听话人关注后面的内容。"看看"后接"三千大千世界一时摇动"和"山僧入拔舌地狱去也"这等**极不寻常之事**，这里的"看看"要求的是高度关注，要求极其投入地"看"，"看看"当译作"看好喽！"或"看仔细喽！"，**明显属于当时流行的量增重叠式**，与普通话的"看看"明显不同。

（3）的"看看"与上联的"步步"对文，如徐文所说，有"每看一次"的意思，那么"看看"就蕴含了反复多次的意思，也属于表量增的重叠式。

李陵投降匈奴后，受命前去劝降苏武。（4）是苏武讽刺李陵的一段话，为了正确理解句中"游游"的含义，我们把这段话的语境恢复出来：

> 苏武把酒回谢韩曾曰："仆是大汉之将，久没陷在於沙场，不因么来，宁无归？，铭肌陋（镂）骨，起（岂）望辜恩。"言由（犹）未了，回看李陵。且见李陵，身卦（挂）胡裘，顶带胡帽，脚□多赤荆。问李陵曰："将军是大汉之将，岂不望在陇西，积代已来，？名露顶，朱门烈战（列戟），南面於人。出入香宫，高官隘路。奈何将军，游游沙幕（漠），傥如骨肉，陷在虏庭，言不人之所笑。"

苏武将李陵的今昔做了对比，令李陵无地自容。"游游沙幕（漠），傥如骨肉，陷在虏庭，言不人之所笑"是说李陵当时的惨状。"游游沙幕（漠）"当解作"（整日）在沙漠里游来荡去"，而不能解作"轻松地在沙漠里游玩"。所以这里的"游游"也是量增重叠式。

### 2.2 误读词义为重叠意义

（5）更试一回看看，后功将补前过。（《敦煌变文集》）（徐正考1990）

（6）伏望明宣诏令，广集颂下群僚，大决看看，然可定胜负。（同上）（徐正考1990）

徐正考（1990）把（5）（6）当作量减重叠式，理由是（5）（6）的"看看"都表示尝试意义。我们承认两例中的"看看"确有尝试意义，可是唐代"看"自身就有"尝试"义。《词源》"看"第（六）义项："表示试一试的意思。""看看"有尝试意义是因为"看"自身有尝试意义，未必是重叠所致，就像"试"本身表尝试，重叠以后"试试"也表尝试一样。所以"尝试"意义是"看"原有，不是因重叠而有，故不能解读为重叠意义，所以，（5）（6）也无证据力。我们还注意到，唐代有不表尝试的"看看"，《词源》将"看看"释为"细看"，书证为孟浩然《耶溪泛舟》："看看似相识，脉脉不得语。"[2] 这里的"看看"应是"看过来看过去"的意思，属于量增重叠式。

### 2.3 误读非重叠式为重叠式

（7）鹰也有心飞去，未知谁解解绦。（《敦煌变文》）（李文浩2007）

（8）有一释迦三界主，解解众生恶业绳。（《敦煌变文》）（李文浩2007）

（9）自诳诳他无利益．《敦煌变文》）（李珊2003:18）

（7）（8）的"解解"在《敦煌变文》中出现三次。为了显示语境，我们把含有这三个用例的诗文录在下边；为了便于称说其中的句子，我们用拉丁字母给句子编上号：

> a.恰似黄鹰架上，天边飞去有心，
> b.还同世上凡夫，出离死生有意，
> c.鹰在人家架上，心专长在碧霄，
> d.众生虽在凡间，真性本同诸佛。
> e.黄头（鹰）虽在架头安，心胆终归碧洛（落）间，
> f.众生虽在娑婆界，心共如来恰一般。

---

[2] "看看"有的版本作"相看"。若考虑到与下句"脉脉"构成整齐的对应，应该是"看看"，《词源》的选择是有道理的。

g. 鹰也有心飞去，未知谁解解绦，

h. 众生大拟出兴，未知谁人救拔。

j. 黄鹰爪拒（距）极纤芒，争那丝绦未解张，

k. 凡夫佛性虽明了，争那贪嗔业力强。

l. 有一聪明智惠人，解与黄鹰解萦绊，

m. 有一释迦三界主，解解众生恶业绳。

n. 丝绦解解架头鹰，飞入碧霄不可见，

o. 断业绳断处超三界，却觅凡夫大难。

g、m、n 三句里都有"解解"，这个"解解"当做何解，学界分歧相当大，计有三种看法：

（一）看作动词重叠。李文浩（2007）把"解解"看作动词重叠，并将其作为表量减的动词重叠式（短时态）在唐五代就已经存在的证据。李珊（2003：17-18）也看做动词重叠，与李文浩（2007）不同的是，李珊认为这个"解解"有歧解，即可解释为长时，又可解释为短时，并认为变文中出现的这种"VV"歧解结构体是后来短时体最初的萌芽形式。

（二）看作句法结构。潘国英（2008）："其中'解解'并非动词的重叠，第一个'解'是'能、会'的意思，第二个'解'则表'解开'义。"这样的话"解解"就应该是"能解开"的意思。潘文没交代"解解"是什么性质的句法结构，但既把第一个"解"解释为"能"、"会"，就是归入了助动词一类，"助动词 + 动词"，按照当前流行的观点，要么分析为状中结构，要么分析为述宾结构。

（三）既非重叠也非句法结构，只是为了凑足音节才将单音动词"解"说成"解解"。张涛（2010）认为"丝绦解解架头鹰，飞入碧霄不可见，"中的"解解""等于单音词，作用是凑字数，使结构整齐。"

下面把这些观点逐一作个检讨。

重叠说会遇到很多困难。首先，众所周知，重叠不表完成，不表目的达成。"听听"既不表示"听完"也不表示"听到"或"听清"，而（n）句"丝绦解解架头鹰，飞入碧霄不可见"的意思是：丝绦已经解开的架头鹰，飞入蓝天看不见了。被丝绦拴在架头的鹰已经飞上蓝天，句中的"解解"当是完成或达成意义：（丝绦）已经解开。重叠式没有这种意义。其次，古今语料显示：定语位置上的动词重叠式若带受事宾语，宾语不能倒装。"丝绦解解架头鹰"是定中结构，意思是"丝绦已经解开的架头鹰"，"丝绦解解"是定语。在这个定语中，"丝绦"是"解解"的受事，动词重叠式前边不能出现这个动作的受事，既然受事（丝绦）已经出现在"解解"前，则说明"解解"不是动词重叠式。以上是内证，我们还可以提供外证。"解解"出自《敦煌变文》，这部文献是佛教文献，佛家把我们居住的世界叫做阎浮提，并认为阎浮提众生执着、愚痴，不信因果，实难救拔。因而佛家弟子应有不畏艰辛以度众生出苦海的弘誓大愿。"解解"的实际含义是救拔，而短时体"Vv"式表达的是短时、轻微、轻松等意思，这些意思与救拔众生的重大艰辛任务显然是不相容的。从这一角度来看，"解解"也不能解释为表短时体的重叠。

至此，可以说来自语义，句法，语用三个层面的证据均不支持动词重叠说。

按照第（二）种观点，"解解"是"能解开、会解开"的意思，把这个意思代入"丝绦

解解架头鹰，飞入碧霄不可见"并不吻合。"能解开、会解开"是还没有解开，与"飞入碧霄不可见"相矛盾。

第（三）种观点认为"解解"中的第二个"解"无意义，只起凑足音节的作用，而（j）句"黄鹰爪拒（距）极纤芒，争那丝绦未解张"的"解张"分明与"解解"同义，可见第二个"解"并非无意义音节。

笔者认为"解解"当分析为述补结构，"解解"的第一个"解"是动作，是"结"的反义词，意思与英语"untie"同义。第二个"解"是通过第一个"解"达成的状态，意思是"开"。"解解"就是"解开"。"解"有"开"义吗？有。《字汇补》："解，开也。《后汉书·耿纯传赞》：严城解扉。"当"开"讲的"解"战国时就已经很常见了：

晋文公与楚战，至黄凤之陵，履系解，因自结之。（《韩非子·外储说左下》）

"履系解"就是鞋带开了。仔细体会（g——j）句的文义，j 句也为我们提供了一个证据："黄鹰爪拒（距）极纤芒，争那丝绦未解张。"这里的"解张"与前边的"解解"互文（解解 = 解张），"解张"即"解开"，"张"就是"开"（"张嘴"等于"开口"）。

"解解"是同形组合述补结构。下面用例里边的"开开""上上"都是同形组合述补结构：

快点儿把门开开。

你帮我把琴弦上上。

要证明这里的"开开""上上"是述补结构很容易，因为它们有与一般述补结构相同的变形系统：

砍断 —— 砍得断 —— 砍不断

举高 —— 举得高 —— 举不高

开开 —— 开得开 —— 开不开

上上 —— 上得上 —— 上不上

我们认为目前讨论的"解解"与"开开""上上"一样，属于同形组合述补结构。

基于以上理由，我们认为《敦煌变文》里的 3 例"解解"并非表量减的动词重叠式，而是述补结构，意思是"解开"。

李珊（2003:18）认为（9）中的"诳诳"是动词重叠，并可以从中解读出"短时"的意义来，笔者认为这是误判。事实上，"自诳诳他"是"自诳"与"诳他"的组合，"自诳"与"诳他"在唐宋佛典中经常独立出现。"自诳"例：

师云："专甲终不自诳。"（《祖堂集》）

只是自诳。（《古尊宿语录》）

自谩自诳。（同上）

只恁自欺自诳。（同上）

"诳他"例：

南北掷踪藏，诳他暂归贯。（《王梵志诗》）

师曰："汝诳他。"（《五灯会元》）

"自诳""诳他"也可以组合：

此人大坏佛法。自诳诳他。（《楞伽师资》）

"自诳诳他"意思是"自欺欺人"。所以把（9）中"诳诳"当作重叠式属于误读。

### 2.4 难以定性的"缓缓"

（10）进云：还应也无？师云：且缓缓。（《云门匡真禅师语录》）（徐正考 1990）

这个"且缓缓"以现代语感似应解作：先等等，义同下边用例中的"缓缓"：

那，给器材公司的那两百万我先缓缓？（ccl 语料库）

不过，小西和建国的事情，我们可不可以缓缓？（ccl 语料库）

如果这样，（10）的"缓缓"就可以算量减重叠式的一个实例。然而，这等于预先假定了古今语感的一致性，未免有点儿冒险。解读这个"且缓缓"的困难在于，它用在两位禅师的参禅应答中。众所周知，"禅宗宣称不立文字、言语道断，其悟入的方式是'参'，可以运用语言，但通常也是被拆解的、不知所谓的语言。悟的内容并不是某种用文字明确表达或暗示出来的东西，甚至也不是一般的幻想或象喻，禅悟的经验似乎永远存在于语言之外。"[3]禅师话语意在造成一种听话者的错愕状态（这种状态往往是开悟之机）。因此总是故意违背会话原则，答语总是使用"无所谓"的语言，语境无助于推导语句含义，下边的用例可以加深这种体会：

进云："如何是主中主？"师云："叉手着。"（《五灯会元》）

进云："合谈何事？"师云："三九二十七。"（《五灯会元》）

进云："如何是久雨不晴？" 师云："晒曝著。"（《云门匡真禅师语录》）

为了探究（10）的"且缓缓"的性质，我们把这个用例的语境恢复出来试试看：

问："如何是啐啄之机？"师云："响。"进云："还应也无？[4]"师云："且
缓缓。"问："如何是学人之事？"师云："痛领一问。"

语境显示，这是一个禅修者与匡真禅师就什么是"啐啄之机"展开的讨论，请注意，讨论的是"什么是……"一类问题，而不是"要不要马上 V……"一类问题，把"且缓缓"解读为"先等等"得不到语境支持。从这个语境里看不出"且缓缓"的意义和"缓缓"的性质。

笔者遍索历代禅师语录（唐代至清代），得"且缓缓"20 例，在这 20 例中有如下三个发现：

（一）"且缓缓"的使用分两种情况：

**非独用**（后边有结构成分），如：

且缓缓子细看。是有是无。（《古尊宿语录》）

---

[3] 谢思炜《禅宗的审美意义及其历史内涵》，《文艺研究》，1997 年，第 5 期。

[4] 依据丁福保《佛学大辞典》，"啐啄"本义是在孵化的最后阶段使小鸡出蛋壳的一种努力，鸡娃从里边啄蛋壳，这叫"啐"，鸡妈妈从外边啄蛋壳，这叫"啄"，合起来叫"啐啄"。"啐啄"在禅师语录里是一个比喻，指一个禅修者已经具备开悟的条件（能啐），但需要已经开悟的禅师的引导（需啄）。而这种引导早了不行，晚了也不行，要在一个刚好成熟的时机里实施，这个时机就叫"啐啄之机"又叫"啐啄同时"。上引语段里，有禅修者问匡真禅师什么是啐啄之机，禅师只回答了一个字："响"。那个禅修者进一步问道："还应也无？"这里的"应"来自"响应"这个词。当匡真禅师说出"响"字时，在那个禅修者的头脑里激活了"响应"这个词，所以他问："还应也无？"意思是既有"响"，那么是不是还有"应"呢？

虽然没滋味。要且缓缓咽。（《古尊宿语录》）

非独用的"且缓缓"意义明朗，但这种"缓缓"似应看作形容词重叠而非动词重叠。

**独用**（后边没有结构成分，如（10）所示），多用在答语中，用来应对各种问题。

（二）在独用的"且缓缓"用例中，有一例语境中含有对"且缓缓"的解释：

新丰吟云门曲。举世知音能和续。大众临筵。愿清耳目……（师）又云：唱者

如何？门云："且缓缓。"师云："云门云'且缓缓'，为不肯这僧。也别有

道理。"（《古尊宿语录》）

句中"云门云'且缓缓'，为不肯这僧"一句是"师（真净禅师）"对云门禅师"且缓缓"这句答语的解读，可译为"云门说'且缓缓'就是不认可这个僧人"。[5] 若把句中"且缓缓"理解为"先等等"，无论如何推导不出"不认可"的意思来。我们不知道句中"且缓缓"该如何理解，但我们知道不能理解为"先等等"。

（三）明清两朝禅师语录往往在"且缓缓"后加一"着"字：

知恩方解报恩，且缓缓着（《晦岳旭禅师语录》）

进曰："将此身心奉尘刹。是则名为报佛恩。"师曰："且缓缓着。"（《子

雍如禅师语录》）

我们不知"且缓缓"中的"缓缓"为什么性质的单位，但"着"字否定了"缓缓"为动词重叠。

我们观察了唐宋至明清的所有"且缓缓"用例，找不到其中的"缓缓"为动词重叠式的证据，作为量减重叠式则更无从谈起；因此，（10）作为论证量减重叠式的语料不具有证据力。

综上，主张"Vv"先于"V一v"的学者使用的用例，没有一例是经得起推敲的，所以我们认为，这些用例不能挑战"V一v"先于"Vv"的观点。

## 三、余 论

蒋绍愚（2005）指出："语言史的研究，材料是基础，基础打得不牢，研究得出的结论就不会可靠。"这种认识我们深表认同，材料可靠，**且能准确理解材料**是得出正确结论的必要性前提。通过我们前面的分析可以看出，认为"Vv"早于"V一v"的学者使用的语料虽然真实，但是由于把握得不准确，导致了错误的结论。这个教训提醒我们：面对古代语料，由于我们没有古人的语感，对语言单位进行语法定性或语义解读时，要充分地依赖语境，谨防语感上以今律古。

最后来说说李英哲从闽方言中找到的证据。李英哲（2000）：

闽语无"V一V"的现象，似乎也说明，一般我们认为"VV"是"V一V"省略

"一"的想法，有待商榷。在历史发展上似乎也是先有"VV"再有"V一V"

的形式。

首先，说闽语无"V一V"不够准确，据袁家骅等（2001:301-302），**闽东话里有"V一V"**，如"躺一躺"。但**闽南话里确实只有"VV"没有"V一V"**。据袁家骅等

---

[5] 这种用法的"肯"《汉语大字典》解作"赞同；许可"。

（2001:272），闽南话的"VV"有两种语法意义：

（1）表示"全部地"、"所有都"的意思。例如：

饭甲伊食食落去（把饭全吃下去）。

（2）表示"试一试"的意思。例如：

我洗洗看。我试试看。

我们注意到，第（2）种语法意义所举的两个例子的"VV"的后头都缀着一个"看"，这个"看"在古代就有"尝试"意义，焉知上文两例中"试一试"的意思不是由"看"表示的呢？陈泽平《闽语新探索》（145 页）谈及闽语尝试貌时指出："¿看' 或其重叠式¿看看' 附加在动词或动补结构之后，构成尝试貌。"

汝做看。（你做做看。）

我食看。（我尝尝。）

可见，闽语里即使动词不重叠，"V 看"仍表尝试意义。由此推知，闽南话的"VV 看"的尝试义极有可能是由"看"表达的。闽南话"VV"式的第（1）种语法意义很多文献都谈过，但这种意义属于量增意义，而不是量减意义。这种用法的"VV"与宋以前表量增的"VV"相似。因而我们不妨大胆假设：就动词重叠这一项来说，闽南话的发展滞后于普通话和其他方言，在这个方言里不仅没有表量减的"Vv"，也没有表量减的"V 一 v"，就是说，闽南话的动词重叠还停留在北方话唐以前的水平，只有量增重叠，还没有发展出量减重叠。一个旁证是：闽语的声母至今还重唇轻唇不分，舌头舌上一体。重唇轻唇的分化在唐宋之际，舌头舌上的分化更早（守温 30 字母里有舌上音，无轻唇音）。方言发展是不平衡的，方言各要素的发展也是不平衡的，通常认为词汇最为敏感，变化最快；语音次之，而语法最具稳定性（发展最慢）。如果闽南话语音还能反映唐代的汉语语音面貌，其语法的某些方面与唐以前的语法具有一致性是完全可能的。

## 参考文献

陈泽平，2003.《闽语新探索》，上海远东出版社。

陈章太、李如龙，1991.《闽语研究》，语文出版社。

范方莲，1964. 试论所谓"动词重叠"，《中国语文》第4期，p264-278。

何 融，1962. 略论汉语动词的重叠法，《中山大学学报》第1期，p44-51。

蒋绍愚，2005.《近代汉语语法史研究综述》，商务印书馆。

李 珊，2003.《动词重叠式研究》，语文出版社。

李文浩，2007. 动词重叠式的源流，《汉语学报》第4期，p66-72+98。

李英哲，2000. 从语义新视野看汉语的一些重叠现象，《汉语学报》第1期，p16-20。

刘 坚、蒋绍愚，1992.《近代汉语语法资料汇编·宋代卷》，商务印书馆。

卢卓群，2000. 动词重叠式的历史发展，《军事经济学院学报》第2期，p65-68。

潘国英，2008. 论 VV 式动词重叠的源流和形成，《古汉语研究》第3期，p66-71。

石毓智，2015.《汉语语法演化史》，江西教育出版社。

太田辰夫，1958/1987.《中国语历史文法》,蒋绍愚等译，北京大学出版社。

王 力，1943/1985.《中国现代语法》，商务印书馆。

向 熹，1993.《简明汉语史》，高等教育出版社。

徐正考，1990. 单音节动词重叠形式探源，《吉林大学社会科学学报》第3期，p60-63。

袁家骅，2001.《汉语方言概要》，语文出版社。

张 赪，2000. 现代汉语"V 一 V"和"VV"式的来源，《语言教学与研究》第4期，p10-17。

张 涛，2010. 表少量 VV 式的来源，《济宁学院学报》第5期，p47-53。

朱冠明，2013. 汉语语法史研究中的几个例句辨，《中国语文》第6期，p518-525。

（王姝　wangshuyyx@163.com）

# Analyzing Several Cases of Verb Reduplication in Diachronic Research

## WANG Shu

**Abstract** After Song and Yuan Dynasties, verb reduplication which represent reduced quantity has two different forms:" V *yi*（一）V "and "VV".Which one of the two forms came into being earlier is a contentious issue. The majority view is that" V *yi*（一）V "appeared before "VV",but some scholars take exactly the opposite point of view. This paper supports the majority view by pointing out that the proofs proposed by the opposite view are problematic.

**Key words** Verb reduplication+;　 V *yi*（一）；　 VV

# 中国語における時間詞と助動詞の位置関係
## —— 情報構造の観点から

相原まり子

日本　海上保安大学校

　**提要**：谓语含助动词的汉语句子中，时间词（"明天"、"今年"等）可能出现的位置有三个：主语之前、主语和谓语之间、谓语中的助动词之后。句子的信息结构无疑是决定语序的重要因素，因此本文旨在阐明信息结构如何影响时间词和助动词的相对位置，探讨能够充当话题和焦点的时间词的位置，以及在不同位置上充当焦点的时间词在焦点性质上的差异。

　**关键词**：时间词　助动词　信息结构　焦点　话题

## 1.　はじめに

　現代中国語において"明天""今年"などの時間詞は、"明天我去北京"のように主語の前に置かれることもあれば、"我明天去北京"のように主語の後ろに置かれることもあるが、述語に助動詞が含まれる場合は、次の三つのパターンがある。

　　　(1)明天我想去北京。
　　　(2)我明天想去北京。
　　　(3)我想明天去北京。

(1)は、時間詞である"明天"が主語の前、(2)は主語の後ろ・助動詞の前、(3)は助動詞の後ろ・動詞の前に置かれている例である（以下、便宜上、主語の前をA位置、主語の後ろ・助動詞の前をB位置、助動詞の後ろ・動詞の前をC位置と呼ぶ）。

　通言語的に、語順には情報構造（その文が表す情報のうちのどれが新情報でどれが既知情報か）が深く関わっていることが知られており、中国語も例外ではない。しかし、中国語において情報構造が時間詞と助動詞の位置関係にどのように反映されるのかということについては、これまでほとんど議論されておらず、研究の余地が多く残されている[1]。

　そこで、本研究では、情報構造の違いが時間詞と助動詞の位置関係に与える影響を明らかにすることを目的として、各位置の時間詞が主題になれるか否か、焦点になれるか否か、焦点になる場合、各位置の焦点にはどんな違いがあるのか、といった問題について論じる。

　本研究で考察対象とした助動詞は、力動的モダリティの"能（できる）""要（するつもり）""想（したい）"、当為的モダリティの"应该（すべき）""得（しなくてはいけない）"、

"可以（してもよい）"、認識的モダリティの"应该（のはすだ）"、"会（だろう）"である。
但し、本論文の以下の議論においては、これらすべての例を挙げるわけではない。

　本研究の分析に用いる中国語の例は筆者が作成したものであるが、すべて中国語母語話者による校閲を経ている。また、例文に対する自然度の判定も中国語母語話者[2]によるものである。文脈を提示している例文のうち、当該文脈では不自然であると判定された文には文頭に「??」の記号を付け、やや不自然であると判定された文には「?」の記号を付けた。

## 2.　分析に用いる用語の定義

　最初に、用語の定義について述べる。「主題」「焦点」の定義は研究者によって異なるが、本稿は Lambrecht 1994 の以下の定義を採用する。

> 主題：与えられた状況において、ある命題がある指示対象についてのものであると解釈される場合、つまり、ある命題がある指示対象と関連し、かつ、その指示対象についての聞き手の知識を増やすような情報を表していると解釈される場合、その指示対象はその命題の主題であると理解される。（同書: 131）［筆者訳］

> 焦点：語用論的に構築された命題の意味要素であり、断言と前提[3]を違わせている要素。（同書: 213）［筆者訳］

簡潔に言えば、Lambrecht 1994 の主題は、聞き手にとって新しい情報が付け加えられる対象であり、焦点[4]は、その文で伝達される情報のうち、聞き手とまだ共有されていない情報である。なお、Lambrecht 1994 は、「主題」「焦点」と「主題を指し示す表現」「焦点を指し示す表現」を厳密に区別しているが、本稿では「主題を指し示す表現」「焦点を指し示す表現」も、便宜上、「主題」「焦点」と呼ぶことがある。言語表現とそれが指し示すもの（人、物、命題）とを区別する必要がある時には、前者を二重引用符" "で囲い、後者を亀甲括弧〔 〕で囲う。例えば、"我"はその表現自体を指し、〔我〕と書いた場合は指示対象を指す。

　最後に、「主語」の定義及び「主語」と「主題」の関係についての本研究の立場を述べておきたい。何を主語と見るかについては様々な考え方があるが（Li & Thompson 1976、朱徳熙 1982 など）、本稿では、動詞の項を担う句のうち、動詞の前に現れるものを主語と見なす。また、中国語の主語と主題の関係については、それぞれ別のレベルに属する概念とする立場もあれば（胡裕樹、范暁 1985、石毓智 2001 など）、主語と主題はどちらも統語上の概念で、それぞれが統語構造の別の位置を占めるとする立場もあるが（徐烈炯、刘丹青 2007 など）、本研究は前者の立場をとる。後者の見方を採用すれば、主語でありかつ主題でもある成分というものは認めないことになるが、本研究では、主語は主題の場合もあればそうでない場合もあると捉える。例えば、"你明天想去哪里?（あなた明日どこ行きたいの）"に対する返答"我明天想去王府井（私は明日王府井に行きたい）"の中の"我"は主語であり主題でもある。

### 3. 情報構造から見た各位置の時間詞

#### 3.1. 時間詞が A 位置に現れる場合

　本節では、A 位置に時間詞が入る文の情報構造を分析する。徐烈炯、刘丹青 2007: 73 は、"句首的时间地点词语在汉语中都可以分析为话题（文頭の時間詞と場所詞は中国語においてはすべて主題と分析できる）"と述べている。この説に従えば、A 位置に現れる時間詞はすべて主題ということになるが、果たしてそうだろうか？——以下では A 位置の時間詞は常に主題というわけではないということを指摘する。なお、本稿が「主題」を担う語句と見なすものと徐烈炯、刘丹青 2007 が"话题"（主題）という用語で指し示すものは完全に一致するわけではないため[5]、以下の議論は徐烈炯、刘丹青 2007 の上記の説への直接の反論ではないことを断っておく。

　最初に、A 位置の時間詞が主題である例を見ていこう。次の(4)の下線部はその直前の問いかけから、〔明天〕が主題、〔王老师要来东京看医生〕がその主題に対する解説であることがわかる。また、別の角度から見れば、〔王老师要来东京看医生〕は、この文で伝達される情報のうちの聞き手とまだ共有されていない情報（＝焦点）だと言える。

> (4)小赵：今天你和小李有空吗？
>
> 　　老刘：今天小李要值班。
>
> 　　小赵：那明天呢？
>
> 　　老刘：<u>明天王老师要来东京看医生</u>。我得陪他去医院。
>
> 　　　　〔明日は王先生が東京に来て医者に診てもらうの。〕

A 位置の時間詞は主題であることが多い、というのはおそらく確かなことだと思われるが、次の(5)のような、A 位置の時間詞が主題でない文もある。

> (5)小赵：你怎么哭了？
>
> 　　老刘：<u>明天张老师要离开北京</u>。我真舍不得。
>
> 　　　　〔明日張先生が北京を離れるの。〕

(5)の下線部は自分が泣いている理由を説明しており、〔明天〕に対して新情報を加える文ではない。下線部が表す情報の中で聞き手と共有されている情報は無く、この文は文全体が焦点の文であり、〔明天〕は焦点の一部になっている。

　次に(6)の会話の A 位置の時間詞について考えてみよう。

> (6)小赵：明天你不能来，后天你也不能来，那什么时候你能来？
>
> 　　老刘：<u>周六我能来</u>。〔土曜なら来れます。〕

下線部は、"什么时候你能来？"という疑問詞疑問文に対する返答であり、時間詞が指し示す時間以外はすでに聞き手と共有されている情報である。つまり、下線部の前提は〔x であれば私は来られる〕、断言は〔x＝土曜日（周六）〕、焦点は〔土曜日（周六）〕であり、(6)は A 位置の時間詞が焦点になれることを示す例と言える。但し、A 位置の時間詞が焦点になる場合というのは、(6)のように、「x ならば…できる」のような前提を持つ時、すなわち、時間詞が条件節的な役割を果たしている時に限られるようである。時間詞が条件節的な役割を果たしている時に限られる、という見方が正しいかどうかは、今後、データを増やして検証を続ける必要があるが、A 位置の時間詞が条件節的な役割を担う場合に焦点になれることは例(6)が示す通りであり、この現象は、次のように説明できる：単文における主語の前の時間詞は、例(5)のような文全体が焦点である場合を除き、原則的に主題と解釈され、焦点になりにくい。しかし、文の構造が [[時間詞<sub>条件</sub>][主語+述語<sub>帰結</sub>]] という複文的な構造であると解釈される場合には、時間詞は、単文を構成する文頭要素ではなく、帰結節の命題が成立する条件を表す述語的要素として理解されることになるため、焦点にもなり得る。

　以下の(7)(8)の下線部及び直前の疑問文は母語話者によってやや不自然と判定されたが、この不自然さの要因の一つは、使われている助動詞の意味と時間詞に対する条件的解釈の衝突だと考えられる。つまり、"応該"が表す義務の意味や"想"が表す願望の意味が、時間詞に対する条件節的な解釈を妨げることが原因の可能性がある（(7)(8)の不自然さに対する詳細な分析は別稿を期す）。

　　　(7)小赵：今天你不用去，明天也不用去。

　　　　　老刘：?那什么时候我应该去？［じゃあいつ私は行くべき？］

　　　　　小赵：?<u>后天你应该去。</u>［明後日行くべき。］

　　　(8)老刘：今天我不想去，明天也不想去。

　　　　　小赵：?那什么时候你想去？［じゃあいつあなたは行きたいの？］

　　　　　老刘：?<u>后天我想去。</u>［明後日行きたい。］

以上、制限はあるものの A 位置の時間詞が焦点になれるということを見たが、もう一つ指摘しておく必要があるのは、A 位置に用いられる時間詞は総記的[6]な焦点にならないという点である。総記的焦点というのは、ある集合の中でその文の焦点となる要素だけが前提命題の変項 x に当てはまるという解釈を生むような焦点を指す。例えば、ある文の前提が〔x がりんごを食べた〕、断言が〔x＝小李、老张〕である場合、この文の焦点は〔小李、老张〕である。この時、x に当てはまるのは小李と老张だけであるという解釈が誘発される場合、この焦点は "exhaustive focus（総記的焦点）" あるいは "exclusive focus（排他的焦点）" などと呼ばれる。A 位置の時間詞が総記的焦点にならないことは、例(9)(10)で確認できる。

　　　(9)小赵：明天你不能来，后天你也不能来，那什么时候你能来？

　　　　　老刘：<u>周六我能来。</u>（再掲）＝(6)

(9)の下線部は、来ることができるのは〔周六（土曜日）〕のみであるという解釈にはならない。その証拠に、(10)が示すように、後ろに"周日也能来（日曜日も来れます）"という発話を続けることができる。

　　　(10) 小赵：明天你不能来，后天你也不能来，那什么时候你能来？

　　　　　老刘：<u>周六我能来，</u>周日也能来。

もし(9)の下線部の〔周六〕が総記的焦点であるならば、"周日也能来"を後続させられないはずである。

　以上、A 位置の時間詞が焦点である場合、その焦点は総記的焦点にはならないということを述べたが、最後にもう一つ指摘しておきたいのは、総記性はなくても対比性はあるという点である。A 位置の時間詞が焦点である文が発せられる典型的な状況は、例(9)のように、当該行為を行えない日時が先行文脈において明らかになっている場合であり、焦点を担う時間詞が指し示す日時と「当該行為を行えない日時」との間には対比関係がある。例

(9)では、下線部の焦点である〔周六〕と先行文脈にある〔明天〕〔后天〕が対比関係を成している。なお、中国語の情報構造に関する研究では、総記性、排他性のある焦点を指すのに「対比焦点」という用語が使われることがあるが（これを狭義の「対比焦点」と呼ぶ）、A 位置の時間詞が焦点になる場合、その焦点は総記性、排他性を持たないため、狭義の「対比焦点」ではない。

### 3.2. 時間詞が B 位置に現れる場合

次に、時間詞が B 位置に現れる文について見ていく。まず、B 位置の時間詞の特徴として、文全体の主題になりにくいという点が挙げられる。例(11)を用いてこの点を確認したい。

(11) 小赵：今天你和小李有空吗？
　　老刘：今天小李要值班。
　　小赵：那明天呢？
　　老刘：?王老师明天要来东京看医生，我得陪他去医院。
　　　　　〔王先生が明日東京に来て医者に診てもらうの。〕

(11)の下線部は B 位置に"明天"が来ているが、母語話者からは若干不自然であり、この文脈では"明天"を A 位置に移動させたほうが自然であるという回答を得た。下線部の不自然さは次のように説明できる。まず、最初に小赵が発した"今天你和小李有空吗？"とその返答から判断すると、下線部の直前の"那明天呢?"は、〔王老师〕についての情報を求めるものではなく、〔明天〕に関する情報を要求していることが明らかである。このため、下線部には〔明天〕が主題となる発話が来るはずである。しかし、実際には"王老师"が A 位置に来ており、"明天"は B 位置にある。B 位置の時間詞は文全体（主語名詞句+時間詞+動詞句）の主題という解釈にはなりにくいため、やや不自然な文となる。

以上、B 位置の時間詞は文全体の主題にはなりにくいということを述べたが、以下では、B 位置の時間詞が副主題になり得ることを示す。ここで言う「副主題」とは、「主題─解説」構造をもつ文の解説部分の中の主題を指す。たとえば、"我今天吃咖喱饭"という文があり、〔我〕と〔今天吃咖喱饭〕の関係が「主題─解説」である状況において、解説部分である〔今天吃咖喱饭〕の〔今天〕と〔吃咖喱饭〕の関係も「主題─解説」である場合、〔今天〕は「副主題」である（〔我〕は文全体の主題）。次の例(12)は、B 位置の時間詞が副主題の例である。

(12) 小赵：老刘，你这几天有什么打算？
　　老刘：我今天去公安局办一些手续。
　　小赵：那明天呢？
　　老刘：我明天要去医院。〔私は明日は病院に行くつもり。〕

この会話では、最初の発話において〔老刘〕が主題であることが明示されており、その次の発話も〔老刘〕に対して新たな情報を加える発話である。三行目の質問には〔老刘〕を指し示す語句は入っていないが、「〔老刘〕について言えば〔明天〕はどういう予定があるか」という質問、すなわち〔老刘〕を主題、〔明天〕を副主題とした質問だと解釈できる。したがって、下線部もまた"我"の指示対象である〔老刘〕を主題、〔明天〕を副主題とした文であると見なせる。なお、A 位置の時間詞は、副主題にはならないと考えられ、このことは次の(13)で確認できる。

(13) 小赵：我今天去学校报到。老刘，你呢？

老刘：?<u>今天我要去公安局。</u>〔今日は私は公安局に行くつもり。〕

母語話者からは、下線部はこの文脈ではやや不自然で、時間詞を B 位置に入れたほうがよいとの回答を得たが、これは、文脈上〔我〕が主題、〔今天〕が副主題となるはずの下線部において "今天" が A 位置に入っており、〔我〕を主題、〔今天〕を副主題と解釈することが難しいからだと考えられる。

次に、B 位置の時間詞が焦点の場合について見ていこう。

(14) 小赵：你什么时候要去医院？

老刘：<u>我明天要去。</u>〔私は明日行くつもり。〕

例(14)の下線部は、直前の小赵の質問に対する答えであり、前提は〔私は x に病院に行くつもりだ〕、断言は〔x＝明天〕、焦点は〔明天〕である。この例は B 位置の時間詞が焦点になれることを示すものである。

ところで、前節で A 位置の時間詞は総記的焦点にならないことを指摘したが、B 位置の時間詞も総記的な焦点にはならない。このことは(15)によって確認できる。

(15) 小赵：我什么时候去好呢？

老刘：<u>你今天应该去，</u>明天也应该去。

〔あなたは今日行くべき、明日も行くべき。〕

(15)の下線部の焦点は〔今天〕であるが、この焦点がもし総記的焦点であれば、後ろに "明天也应该去" を続けられないはずである。しかし、実際には(15)の会話は自然である。

最後に B 位置の時間詞が焦点の一部になれるか否かについて確認しておきたい。

(16) 小赵：你怎么哭了？

老刘：<u>张老师明天要离开北京。</u>我真舍不得。

〔張先生が明日北京を離れるの。〕

(16)の下線部は、前節に挙げた(5)と同様に、自分が泣いている理由を伝える発話であり、文全体が焦点であることから、B 位置の時間詞が焦点の一部になれることを示す例と言える。

### 3.3. 時間詞が C 位置に現れる場合

本節では、時間詞が C 位置に現れる場合を取り上げる。まず、C 位置の時間詞が主題や副主題になるかどうかについて見ていこう。

(17) 小赵：今天你有空吗？

老刘：今天没有空。

小赵：那明天呢？

老刘：??<u>我想明天去公安局。</u>〔私は明日公安局に行きたい。〕

(18) 小赵：你这几天有什么打算？

老刘：我今天去学校报到。

小赵：那明天呢？

老刘：??<u>我想明天去医院。</u>〔私は明日病院に行きたい。〕

(17)は時間詞が主題、(18)は時間詞が副主題になる文脈であるが、下線部はいずれもこの文脈においては不自然であり、C 位置の時間詞が主題、副主題にならないことがわかる。

　次に C 位置の時間詞が焦点になるかどうかについて確認する。

　　(19) 小赵：我什么时候去公安局好呢？

　　　　老刘：<u>你应该今天去公安局。</u>〔あなたは今日公安局に行くべき。〕

(19)の下線部は、時間を尋ねる疑問詞疑問文に対する答えであり、〔あなたは x に公安局に行くべきだ〕が前提、断言は〔x＝今天〕、焦点は〔今天〕である。(19)は C 位置の時間詞が焦点になれることを示している。

　さて、3.1 節、3.2 節でそれぞれ A 位置、B 位置の時間詞も焦点になることを見たが、C 位置の焦点がそれらと異なるのは総記的焦点になり得るという点である。C 位置の時間詞が常に総記的解釈になるというわけではないが、(19)のように助動詞が義務[7]を表す"应该"の場合、C 位置の時間詞は総記的焦点になる。このことは例(20)によって確認できる。

　　(20) 小赵：我什么时候去公安局好呢？

　　　　老刘：<u>你应该今天去公安局，</u>??<u>明天也应该去。</u>

(20)は(19)の下線部の後ろに"明天也应该去（明日も行くべきである）"を付けたものであるが、このような文を後続させると不自然な会話になる。これは下線部が「行くべき日」を「今日」に限定するものであり、「今日」以外の日は排除されるからである。

　それでは、義務を表す"应该"以外の助動詞が用いられる場合はどうであろうか？例えば、願望を表す"想"を使った(21)から(23)に対する母語話者の判定は、(21)(22)は自然、(23)の後続文はやや不自然、というものであった。(23)の不自然さは C 位置の時間詞が総記的焦点になることに起因すると考えられる。つまり、A 位置、B 位置に時間詞が入った(21)(22)の前半部分は「この服を着たい日は他でもなく明日である」という解釈を引き起こすわけではないため、「明後日もこれを着たい」という意味の表現を続けることができるのに対して、C 位置に時間詞が入った(23)の前半部分は「この服を着たい日は他でもなく明日である」という情報を伝達するため、「明後日もこれを着たい」ということを表す後続文との間に矛盾が生じるのである。

　　(21) <u>明天我想穿这件衣服，后天也想穿这件。</u>

　　　　〔明日私はこの服を着たい、明後日もこれを着たい。〕

　　(22) <u>我明天想穿这件衣服，后天也想穿这件。</u>

　　(23) <u>我想明天穿这件衣服，?后天也想穿这件。</u>

一方、許可を表す"可以"の場合は、状況が異なり、(24)(25)だけでなく、C 位置に時間詞が入った(26)においても「明後日も酒を飲んでいい」という意味を表す文[8]を後続させることができる。

　　(24) <u>明天我可以喝酒，后天也可以喝酒。</u>

　　　　〔明日私は酒を飲んでいい、明後日も酒を飲んでいい〕

　　(25) <u>我明天可以喝酒，后天也可以喝酒。</u>

　　(26) <u>我可以明天喝酒，也可以后天喝酒（または后天也可以喝酒）。</u>

(24)から(26)の例は、"可以"を含む文の場合、A 位置や B 位置のみならず、C 位置の時間詞も総記の解釈にならないことを示している。もしC位置に時間詞が入った(26)の前半部分が「酒を飲んでよい日は明日であり、他の日ではない」という解釈を引き起こすのであれば、「明後日も酒を飲んでいい」という意味の表現を繋げられないはずである。

最後に、C位置の時間詞が焦点の一部になるかどうかについて考えてみよう。

(27) 小赵：我身体不舒服，什么都吃不下。

　　　老刘：<u>你应该今天去医院看一下</u>。

　　　　　　［あなたは今日病院に行って診てもらうべきだ。］．

(27)の下線部は時間詞のみが焦点ではなく、時間詞を含む述語全体が焦点の例であり、C位置の時間詞が焦点の一部になれることを示している。

## 3.4. 助動詞間の差異

3.1から3.3では、各位置の時間詞が主題や焦点になり得るかという問題及び各位置の焦点がもつ特徴について論じたが、ここで指摘しておく必要があるのは、その文に使われている助動詞によっては、時間詞が現れ得る位置が制限されるという点である。この点に関して、上野1996は[9]、"能""会"が使われている場合、平叙文では時間詞を助動詞の後ろに入れることは「不可」だと述べている。筆者自身も、助動詞間の差異を明らかにすることを目的として中国語母語話者8名をインフォーマントとするアンケート調査[10]を実施したが、C位置に時間詞が入った(28)(29)のcは「不自然または容認できない」と答えた人が多かった（以下の例文の文頭の??は「不自然または容認できない」という回答の数が「自然」という回答の数よりも多かったことを示す）。

(28) a. 明天我能去你家。（全員が「自然」）

　　　b. 我明天能去你家。（全員が「自然」）

　　　c. ??我能明天去你家。（5名が「不自然または容認できない」、2名が「あまり使わないが文脈によっては言える」、1名が「自然」）

(29) a. 明天他会来。（全員が「自然」）

　　　b. 他明天会来。（全員が「自然」）

　　　c. ??他会明天来。（4名が「不自然または容認できない」、1名が「あまり使わないが文脈によっては言える」、3名が「自然」）

また、上野1996では指摘されていなかったが、筆者の調査では、義務を表す"得"を使った文についても(30)のような結果であった。

(30) a. 明天我得参加会议。（全員が「自然」）

　　　b. 我明天得参加会议。（全員が「自然」）

　　　c. ??我得明天参加会议。（6名が「不自然または容認できない」、2名が「自然」）

これらの調査結果は、使われている助動詞によってはそもそもC位置に時間詞を入れにくいことを示している。このため、時間詞がC位置に入ることが予測される状況でも、使用されている助動詞によっては時間詞をその位置に入れることが避けられる、もしくはその位置に入れるために何らかの操作が加えられるということが起こり得る。操作が加わる例としては次のような例がある。例えば、「あなたの家に行けるのは明日である（他の日は行けない）」ということを伝達する際、情報構造の面からは、総記的焦点になり得るC位置に時間詞が入ることが予測されるが、上述のように"能"を使う場合、C 位置に時間詞を入れにくい。しかし、副詞"只（〜だけ）"を加えて(31)のようにすると自然な文となる。

     (31) 我只能明天去你家。

  つまり、〔明天〕を焦点として他の日を排除する解釈を引き起こしたい場合、(28c)は言いにくいが、「助動詞の前に"只"を入れる」という操作を加えた(31)のような表現を使用することは一つの選択肢になると考えられる。

## 4. 結論

  本論文では、情報構造の違いが、時間詞と助動詞の位置関係に与える影響を明らかにすることを目的として A、B、C 各位置の時間詞が主題になれるか、焦点になれるかといった問題について論じ、以下のことを指摘した。まとめると表 1 のようになる。

① A 位置の時間詞は、文全体の主題になるが、副主題にはならない。また、焦点及び焦点の一部になれるが、総記的焦点にはならない。A 位置の時間詞が焦点になるのは、その時間詞が条件節的な役割を果たす場合に限られるようであり、共起する助動詞も制限される。

② B 位置の時間詞は、副主題にはなれるが、文全体の主題にはならない。焦点及び焦点の一部になれるが、総記的焦点にはならない。

③ C 位置の時間詞は、主題や副主題にはならないが、焦点及び焦点の一部になる。C 位置の時間詞は、総記的焦点になり得るが、用いられている助動詞によっては総記の解釈にならないこともある。また、C 位置の時間詞は焦点になり得ると言っても、用いられている助動詞によってはそもそも C 位置に時間詞を入れることが難しい場合もある。

| 情報構造<br>文中の位置 | 主題 | 副主題 | 焦点 | 焦点の一部 |
|---|---|---|---|---|
| A 位置 | ○ | × | ○（条件） | ○ |
| B 位置 | × | ○ | ○ | ○ |
| C 位置 | × | × | ○（総記） | ○ |

表 1　各位置の時間詞が担うことができる情報構造上の役割

  以上のことから、時間詞が主題の時には A 位置に、時間詞が副主題の時には B 位置に入り、時間詞が焦点になる時には A 位置、B 位置、C 位置のいずれにも入る可能性があるが、焦点を担う時間詞に対して条件的解釈が可能かどうか、時間詞が総記的焦点かどうか、使われている助動詞が何かによって入り得る位置が変動する、と言うことができるだろう。用いられる助動詞の違いが時間詞の位置に与える影響の分析は、今後の課題としたい。

## 付注

[1] そもそも時間詞と助動詞の位置関係を詳述した研究がほとんどなく、筆者が発見した唯一の先行研究である上野1996においても、情報構造が時間詞と助動詞の位置関係に与える影響は明らかにされていない。

[2] 例(1)～(27)、(31)の自然度判定の協力者は中国母語話者3名で、それぞれ上海市、安徽省、山西省の出身である。自然かそうでないかの判定は一致していたが、「不自然」か「やや不自然」かについては判定が分かれたものもあり（2名が「不自然」、1名が「やや不自然」と回答、または1名が「不自然」、2名が「やや不自然」と回答）、その場合は2名が選んだほうの判定を採用した。例(28)(29)(30)及び注[9]に挙げた例の容認性判定の協力者は8名であり、出身地は、北京市（2名）、上海市（1名）、黒竜江省（1名）、山東省（2名）、安徽省（1名）、浙江省（1名）である。(28)から(30)の回答の内訳は各例文の後ろに括弧書きで記載した。

[3] この定義の中の断言、前提はそれぞれ語用論的断言、語用論的前提を指し、次のように定義される（Lambrecht 1994: 52）。

語用論的断言：ある文によって表現される命題であり、その発話を聞いた結果、聞き手が知る、又は当然と見なすと想定されている命題。

語用論的前提：ある文において語彙・文法的に喚起される、聞き手が既に知っている又は信じている又は当然であると見なす準備ができていると話し手が想定している命題の集合。

[4] この定義の「焦点」は中国語学では"信息焦点"と呼ばれることもある。

[5] 徐烈炯、刘丹青2007の言う「主題（"话题"）」は、主題句の指定部（Spec）の位置又はその位置に現れる語句を指すが、同書は「我々は構造の面から主題を定義しているが、我々の定義する統語概念が、主題のもつ意味、談話機能をできる限り反映するものとなるようにする」と述べ（同書: 29）、主題の特徴の一つとして「必ず後ろの部分との間に述べられる―述べるという関係がある」という特徴を挙げている（同書: 59）。したがって、同書が"话题"と見なす語句と本稿の言う「主題を指し示す語句」は重なる部分が大きいと考えられる。

[6] 「総記」とは久野1973が日本語の「が」を説明する際に用いた概念であり、該当するメンバーを残すところなくすべて列挙するという意味である。

[7] 「～のはずだ」という意味を表す認識的モダリティの"应该"が使われた場合、C位置には時間詞を入れにくいとする母語話者もいる。

[8] (23)の後続文を"后天也想穿这件"とし、(26)の後続文を"也可以后天喝酒"（または"后天也可以喝酒"）とした理由は次の通りである。(23)と(26)の後続文は、いずれも前半部分のC位置の時間詞が総記的解釈になるかどうかをテストするものであり、(23)の後続文は「明後日もこれを着たい」ということを意味する文、(26)の後続文は「明後日も酒を飲んでいい」ということを意味する文でなければならない。(23)の場合、後続文をもし"也想后天穿这件"にすると、「明後日もこれを着たい」という意味にはならず（スコープの問題）、テストが成立しなくなるため、"后天也想穿这件"とせざるを得ない。これに対して、(26)の後続文は"也可以后天喝酒"も"后天也可以喝酒"も可能であるが、この文脈では"也可以后天喝酒"のほうがより自然であるとする母語話者もいるため、"后天也可以喝酒"を括弧内に入れた。

[9] 上野1996は"想"が使われる場合、時間詞をA位置に入れることは「可」、B位置は「どちらともいえない」、C位置は「最も可」としているが、筆者の調査では、次の(i)から(iii)はいずれもインフォーマント全員に自然であると判定された。

(i) 明天我想去故宫。(ii) 我明天想去故宫。(iii) 我想明天去故宫。

[10] 時間詞を各位置に入れた文とその文における助動詞の意味を母語話者に提示し、「自然」「あまり使わないが文脈によっては言える」「不自然または容認できない」の三つの選択肢から一つ選んでもらった。

**参考文献**

上野由紀子 1996「助動詞と時間詞の語順について」,『外語研紀要』22（愛知大学外国語研究室）, pp.25-36

久野暲1973『日本文法研究』東京：大修館書店

胡裕樹、范晓 1985《试论语法研究的三个平面》,《新疆师范大学学报》第2期，pp.8-15、p.30

石毓智 2001《汉语的主语与话题之辨》,《语言研究》第 2 期，pp.82-91

徐烈炯、刘丹青 2007《话题的结构与功能（增订本）》上海：上海教育出版社

朱德熙 1982《语法讲义》北京：商务印书馆

Lambrecht, Knud 1994. *Information Structure and Sentence Form: Topic, Focus, and the Mental Representations of Discourse Referents*. Cambridge: Cambridge University Press.

Li, Charles N. and Sandra A. Thompson 1976. Subject and topic: A new typology of language. In Charles N. Li (ed.) *Subject and topic*. New York: Academic Press, pp. 457-489

（相原まり子　xiangyuanzhen@gmail.com）

The position of a temporal noun relative to the auxiliary verb in a Chinese sentence:
A study based on information structure
Mariko AIHARA

Abstract: In Chinese, when a temporal noun such as "*míngtiān*" and "*jīnnián*" co-occurs with an auxiliary verb in a sentence, it occupies one of three positions: (a) preceding the subject, (b) between the subject and the auxiliary verb, or (c) after the auxiliary verb. The aim of this study is to investigate how the position of a temporal noun is affected by the information structure, which generally plays an important role determining the order of words in a sentence. The author discusses the focus/topic status of the temporal noun in each of the positions and the differences among the focal temporal nouns in different positions.

Keywords: temporal noun;　auxiliary verb;　information structure;　focus;　topic

# 中国語における目的語残存受身表現が用いられる語用論的要因及びその情報伝達機能

## 路浩宇

日本　関西学院大学

　**提要**：关于汉语中的保留宾语被动句，以往研究的思路主要集中在保留宾语的内在生成机制和领属关系类型这两个方面。本文旨在尝试以篇章语法的理论框架为基础，讨论保留宾语被动句出现在篇章结构中的动机以及言者的语用意图，兼论其与原型被动句在信息结构配列与篇章功能上的差异。

　**关键词**：保留宾语　被动句　语用动机　信息传达

## 1. はじめに

　本稿は、中国語における目的語残存受身表現が文脈に用いられる動機についての考察である。中国語の受身表現には、述語動詞の後ろに目的語を伴う構文形式がある。例えば、

(1) <u>我被小偷偷了钱包</u>。（李臨定 1993：279）
　　［私は泥棒に財布を盗まれた。］
(2) <u>李张氏正要伸手去拿，却被他打了一下手</u>。（CCL《仙吟》）
　　［李张氏はちょうど手を伸ばし（何かを）取ろうとしたが、彼に手をちょっと叩かれた。］

例 (1) と例 (2) はいずれも名詞句（"我的钱包"と"李张氏的手"）が受け手目的語として用いられる受身表現である。例 (1) では、"我"と"钱包"、例 (2) では、"李张氏"と"手"がそれぞれ主語と述語動詞の目的語の位置を占めており、主語と目的語の間には領属関係がある。例 (1) や例 (2) のような表現は、"被"構文が目的語を伴う言語事象として、吕叔湘 (1956) や李临定 (1980) 等が最初に取り上げた。その後、当該事象が注目され、徐杰 (1999) によって残存目的語を伴う受身文（"带保留宾语的被动句"）、星 (2011) や鵜殿 (2005) 等によって間接受身文、孙园园 (2011) 等によって主語と目的語の間に領属関係を持っている"被"構文（"领主属宾被字句"）等、と定義されている。一方で、潘海华・韩景泉 (2008)、岳辉・吴恒 (2019)、于康 (2009) 等、この事象について言及している多くの研究においては、例 (1) や例 (2) のような表現は「目的語残存受身文」（"保留宾语被动句"）と呼ばれており、本稿においてもこの定義を採用する。「目

的語残存受身文」の統語構造を一般的な受身文の統語構造と比較してみると次のようになる。

一般的な受身文：

$$\text{"NP}_1[\text{受け手}] ＋被 NP_2[\text{仕手}] ＋VP"$$

目的語残存受身文：

$$\text{"NP}_1[\text{受け手の領属主}] ＋被 NP_2[\text{仕手}] ＋VP＋\boxed{NP_3[\text{受け手の領属物}]}"$$

目的語残存受身文では、受け手「$NP_1$」が主語の位置に置かれている一般的な受身文と異なり、主語の位置に受け手の領属主である「$NP_1$」のほかに、述語動詞「VP」の後ろに受け手の領属物である「$NP_3$」も存在している。統語上、「$NP_3$」を主語の位置に移動させることも可能である。例えば、

(1)' <u>我的钱包</u>被小偷偷了。
　　　[私の財布は泥棒に盗まれた。]
(2)' <u>李张氏</u>正要伸手去拿，<u>手</u>却被他打了一下。
　　　[李張氏はちょうど手を伸ばし（何かを）取ろうとしたが、その手は彼にちょっと叩かれた。]

「$NP_3$」が移動した例（1)' は偏正構造の "我的钱包" が受け手主語になる一般的な受身表現になり、例（2)' は "李张氏" の身体部位 "手" が節の主語になった受身表現になる。また、例（1)' と例（1）は「私と泥棒の間に、〈財布を盗む/盗まれる〉」、例（2)' と例（2）は「李張氏と彼の間に、〈手を叩く/叩かれる〉」という事態が発生したという点で、客観的には同一の事態を表している。

　述語動詞の後ろに目的語を伴う言語事象に関する考察手法は大まかに 1.変形生成文法的立場から「$NP_3$」の深層構造から生成の仕組みに対する検討（徐杰（2005）、潘海华・韩景泉（2008）、王娟・周毕吉（2016）等）、及び 2.主語と目的語の意味関係のカテゴリーに対する分析（星（2011）、岳辉・吴恒（2019）等）に二分することができる。ところが、一般的な受身表現（例えば、例（1)'）と同様の意味関係を表す目的語残存受身文（例えば、例（1））がどのような動機付けで生まれたのか、さらに、当該表現を用いたことで、どのような発話者の意図が伝達されるのか、受け手領属物が表される「$NP_3$」が目的語の位置に用いられると情報伝達上どのような役割をするのか、等については筆者が調べた限り、未だ明らかにされていない。

　本稿は文脈に用いられる目的語残存受身構文に着目し、例（1）と例（2）のような表現がどのような語用論的環境において出現するのか、文脈においてどのような働きをするのかについて、情報構造理論の観点からアプローチを試みる。具体的には次の課題に取り組む。
①目的語残存受身表現が文脈に用いられる構文動機を明らかにする。
②当該表現が用いられる文脈の情報構造を一般的な受身表現と比較しながら解明する。

③上記の①と②の結論に基づき、当該文法形式が用いられることによって生まれる語用的な表現効果について、具体的に分析を行う。

## 2. 目的語残存受身表現が用いられる語用論的動機

本節では、目的語残存受身表現を取り巻く環境の情報構造を手がかりとして、一般的な受身表現より目的語残存受身表現が優先的に文脈に用いられるのは表現の主観性と情報構造理論の相互作用の結果であることを論じたい。

### 2.1 主観性の立場から

岳輝・呉恒（2019）はコーパスに基づき、目的語残存受身文に見られる領属関係の下位分類をまとめた。調査対象の全体における各下位類の実例の割合は【表1】の通りである。

【表1】目的語残存受身文における領属関係の類型及び各類型の割合 [1]

| | 領属関係の類型 | 割合(%) | 用例数 | 実例 |
|---|---|---|---|---|
| 1 | 親族関係 | 1.9 | 9 | 被人抢了男人［誰かに夫をうばわれた］ |
| 2 | 所有関係 | 29.8 | 126 | 被人偷走了钱包［誰かに財布を盗まれた］ |
| 3 | 身体部位 | 41.7 | 163 | 被冻伤了脚［足を凍傷状態にされた］ |
| 4 | 物品関係 | 6.4 | 30 | 地雷被拆除了引信［地雷は信管が取り外された］ |
| 5 | 組織成員関係 | 1.5 | 7 | 被敌人杀害了指挥官［敵に指揮官を殺された］ |
| 6 | 属性関係 | 18.7 | 87 | 被剥夺了人权［人権が剥奪された］ |
| | 合計 | 100 | 422 | --------- |

【表1】において、本稿が論じる目的語残存受身表現の「主観性」と関わりがあるものは、有情物（とくに人間）が統語構造上での主語となり、影響を受ける主体となる実例の割合である。岳輝・呉恒（2019）のデータにおいて、無情物が影響を受ける主体となるのは類型4の物品関係（【表1】の灰色に塗りつぶされている部分）で、その割合は調査対象全体の6.4%である。一方、有情物（とくに人間）が影響を受ける主体となっているのは、親族関係、所有関係等の5類型で、その割合は調査対象全体の93.6%である。要するに、目的語残存受身表現では、有情物（とくに人間）が影響を受ける主体となるケースが圧倒的に多いという結論が導かれる。この結論の有効性を検証するために、筆者は文学作品やBBC（北京語言大学のコーパス）からランダムで抽出した200の目的語残存受身文の実例を対象に、主語が有情物であるのか、或いは無情物であるのか、その用例数と割合について調査を行った。結果は【表2】の通りであった。

【表2】目的語残存受身文の主語となる名詞句の「有情・無情」

---

[1] 【表1】は岳輝・呉恒(2019)に挙げられている目的語残存受身文に見られる領属関係の類型と調査対象全体における類型別用例数の割合を一部抜粋し、筆者がまとめたものである。

| 主語 | 有情 | 無情 | 合計 |
|---|---|---|---|
| 用例数 | 178 | 22 | 200 |
| 割合（%） | 89 | 11 | 100 |

【表 2】に示されたように、目的語残存受身文 200 例において、無情物が表される名詞句が主語になる例は全体の 11％であったのに対し、有情物が表される名詞句が主語になる例は全体の 89％で、有情物主語の方が無情物主語よりも著しく優勢であった。この数値は岳輝・呉恒（2019）のデータ（無情物 6.4％、有情物 93.6％）との間に多少の差はあるものの、有情物を表す名詞句が主語になる例は、無情物を表す名詞句が主語になる例よりも圧倒的に多いという点で、結果は一致した。目的語残存受身文においては、有情物（とくに人間）が影響を与えられた領属主 $NP_1$ となるケースが主流であり、目的語残存受身表現におけるプロトタイプであるといえる。

　発話者が出来事における参与者を認知し、話題として文脈に用いる順番について、Langacker（2008：502）はそれを「各参与者と発話者との距離」と例え、有情物の方が無情物よりも発話者との距離が近いと指摘している。[2] 即ち、有情物である領属主のほうが無情物である領属物よりも、優先的にアクセスされ、発話の起点とされるのである。次の例（3a）を例（3b）と比較してみる。

(3) a 听说<u>苏县长</u>在广州被偷了<u>四万元</u>？（CCL:伯韵《律政风流》）
　　　［蘇県長は広州で四万元を盗まれたと聞いた。］
　 b 听说<u>苏县长的四万元</u>在广州被偷了？（自作）
　　　［蘇県長の四万元が広州で盗まれてしまったと聞いた。］

例（3a）と例（3b）はそれぞれ発話者が「蘇県長の領属物である四万元が誰かに盗まれた」ことを聞いたと相手に伝える伝聞表現である。前景情報として有情物である "苏县长" とその領属物である無情物 "四万元" が挙げられている。例（3a）と例（3b）はいずれも統語上適確な表現であるものの、"苏县长的四万元" が主語になる例（3b）は例（3a）より有標的であると考えられる。なぜなら例（3b）においては、領有者と領属物が一つのかたまりになっていることで緊密性が生まれ、"苏县长的四万元" という無情物から、「大切な四万元」や「たったの四万元」等の際だった意味が読み取れるからである。このため、例（3b）のような偏正構造の名詞句が受け手主語になる表現は、無情物である領属物が、文脈においてより重要であると捉えられる場合にのみ用いられると考えられる。一方で、例（3a）のような表現は、有情物と無情物の配置が人間の認知と合致している。要するに、発話者

---

2 出来事における各参与者が発話者との距離に関して、Langacker（2008:502）では次のような公式が挙げられている。speaker＞hearer＞other；human＞animate＞inanimate；concrete＞abstract；actual＞virtual；given＞new；「＞」の左側にある参与者は「＞」の右側の方より、発話者にアクセスされやすい。本稿に関係するのは human＞animate＞inanimate の部分である。発話者との距離が最も近いのは人間の次に有情物となり、最も遠いのは無情物であるということが示されている。

は有情物がどのような影響を受けたか、またはどうなったか等、無情物よりも先に有情物に注目し、関心を持つのである。

　発話の視点から見ると、目的語残存受身表現が文脈に用いられるのは次のような発話者の意図を表すことが可能であるからだと考えられる。発話者は動作の受け手である領属主に共感を寄せ、この領属主に関わる領属物の破損や離脱を領属主の被った損失であると捉えており、これらの損失は領属主に意外的かつ避けられない何らかの悪影響を及ぼすと想定しているのである。例えば、

(4) 你给地主害死爹，我给地主害死娘。（李临定 1980）
　　［あなたは地主に父親を殺され、私は地主に母親を殺された。］
(5) 在结婚这天，竟然被人抢走了老公……。（腾讯视频）
　　［結婚というこの日に、なんと夫がさらわれた……。］

例（4）の「父親や母親が殺された」という場面において、最も被害を受けているのは、一般的に考えて殺された「父親や母親」である。しかし、この文章からは、父親や母親が地主に殺されたという事実は、"你" や "我" の精神にマイナスの影響をもたらす直接的原因になるに違いない、という発話者の判断が読み取れる。また、強奪義が読み取れる例（5）や "媳妇被人抢走了" のような文においては、さらわれた本人よりも、その配偶者の方が、より強い影響を受ける対象であると考えられている。これらのことから、目的語残存受身表現は、事実が述べられていると共に発話者の主観性が強く表される構文であるといえる。

2.2 情報構造理論の立場から
　2.1 節の分析から分かるように、出来事における諸参与者の中で、発話者の主観性によって、有情物の参与者が優先的に文の話題として選択されるのは一般的なことである。よって有情物である "张三" が話題となる例（6a）は、無情物である "张三的腿" が話題となっている偏正構造の例（6b）よりも容認度が高い。[3]ところが、後続の文脈に領属関係を表す必要がある場合、発話者に選ばれる統語形式は複数存在する。例（6c）と例（6d）を見てみる。

(6)　a 我们得知张三的一些坏消息。（自作）
　　　　［私達は張三についての悪い消息を得た。］
　　b [??]我们得知张三的腿的一些坏消息。
　　　　［我々は張三の足ついての悪い情報を知っている。］
　　c 我们得知张三的一些坏消息，他被一条蛇咬伤了腿。（自作）
　　　　［私々は張三についての悪い消息を得た、彼が蛇に足を噛まれ傷を負ったという

---

[3] 例(6a〜d)の容認度については、計 10 名の中国語母語話者（日本の大学で中国語学に関する研究をしている教員や大学院生で構成される）からインフォーマントチェックを受けた。10 名のうち 8 名は、例(6a)と例(6c)は自然な表現であり、例(6d)は例(6c)と比べると容認度は低いが許容範囲であると判断した。例(6b)については、2 名が正しい表現として成立しないと判断した。

　　ことだ。］
　　d? 我们得知<u>张三</u>的一些坏消息，<u>他的腿</u>被一条蛇咬伤了。
　　　　［私々は張三についての悪い消息を得た、彼の足が蛇に噛まれ（彼が）傷を負った
　　　　ということだ。］

　通常、名詞の指示対象やそれが表す概念を人間が記憶や環境から取り出す難易度は均等で
はない。このことは、Dixon（1979 : 85）、Silverstein（1976）等において、名詞の「接近可
能性階層」（accessibility）と呼ばれており、その指示対象が聞き手（或いは読み手）に識別
されやすい名詞句は接近可能性が高く、その指示対象が聞き手（或いは読み手）に識別さ
れにくい名詞句は接近可能性が低いと言われている。例（6c）と例（6d）は同様の事態（張
三は蛇に足を噛まれて怪我をした）を表しているものの、この情報を第三者に伝達する際、
例（6c）は例（6d）よりも発話者に選択されやすい。その理由については「接近可能性階
層」を用いることで合理的に説明がつく。"他"が節の主語となっている例（6c）と異なり、
例（6d）は偏正構造 "他的腿" が節の主語となっている。「接近可能性階層」の背後には有
情性（animacy）と際だちの程度の差異が存在する。有情性が高ければ高いほど、際だちも
高くなり、接近可能性も高くなる。際だちが高い名詞ほど心理的接点を形成しやすくなり、
聞き手（或いは読み手）にアクセスされやすい。"他" と "他的腿" はどちらも先行文脈か
ら識別可能な情報であるが、"他的腿" は、"他" よりも聞き手（或いは読み手）にとって
識別するのに力を費やす情報であり、接近しにくい情報である。聞き手（或いは読み手）
は例（6c）の情報を理解する際、"张三－他" のような認知過程を必要とするが、例（6d）
の情報を理解する際は、"张三－他－他的腿" というように、例（6c）よりも複雑な情報処
理の過程を必要とするため、例（6c）の方が当該事態を表す場合においては、より適切な
表現であるといえる。
　　以上説明したように、目的語残存受身表現が文脈に用いられるのは発話者の主観性が情
報構造理論と共に働いた結果であるといえる。

## 3. 一般的な受身表現との比較

### 3.1 情報構造の相違点
　　下地（2000）は新旧情報の配列の観点から、中国語の受身文は中国語の語順の常として、
最も古い情報を文頭に、最も新しい情報を文末に置いた結果、動作の受け手が文頭に置か
れるという情報構造を持っていると指摘している。例えば、
（7）甘子千年轻时画工笔人物，有时也临摹一两张古画。有一次，他仿了一张张择端的画，
　　（这张画）[4]被一位小报记者发现了。他把画拿去找善作假画儿的冯裱褙仿古裱了出来。
　　　　　　　　　　　　　　　　　　　　　　　　　　　　　　　　　　　（郭圣林 2006）
　　［甘子千は若い時、細密画法で人物画を書いていた、1、2 枚の古い絵画を模写するこ

---

[4] （　）でくくった語句は引用者による。

ともあった。ある時、彼は張択端の絵を模写した、（この絵は）ある小さな新聞の記者によって明らかにされた。その記者はその絵を贋作作りの上手な馮裱褙を探して持っていき、昔の表装様式を真似して表装を施した。］

例（7）の内容を情報の新旧によって例（7）'のように便宜上 a、b、c の三つの節に分けて分析してみる。

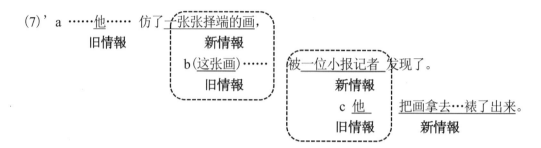

聞き手（或いは読み手）の立場から見ると、例（7）'では、a 節の主語"他"は先行文脈の登場人物である"甘子千"を指し示す旧情報である。また、"一張（仿）張択端的画"という情報は、はじめて文脈に提示されるので、新情報として処理されるものである。例（7）の内容から分かるように、主語が出てこなかった b 節では、"被一位小報記者発現"の対象は先行文脈に言及されている a 節の目的語"一張（仿）張択端的画"である。続く b 節における新情報の一部である"一位小報記者"は c 節の主語"他"の指示対象である。このように、一般的な受身表現を取り巻く文環境では、当該事態に関する記述が「旧情報→新情報→旧情報→新情報……」という形式をもって展開されるのである。

　しかしながら、目的語残存受身表現の文末に置かれている受け手の領属物を表「NP3」は、先行文脈から導き出された新情報でもなければ、後続文脈における主題（旧情報）として次の新情報を導くものでもない。よって目的語残存受身表現の情報構造は、一般的な受身表現が用いられる文環境の情報構造とは異なっているといえる。では、当該表現が用いられる文環境の情報構造はどのようになっているのだろうか。例えば、

(8) 文革期間孔廟大成殿内的彩塑孔子像，被挖了眼 ，扒了心，全身貼満了大标语，然后被拉倒、装上卡车游街示众，最后被砸毁。（CCL 微博）
　　［文化大革命の期間、孔子廟正殿内の色鮮やかな孔子像は、目がほじられ、心が抜かれ、全身がスローガンで貼り尽くされた、そして、倒されトラックに積まれて、民衆に見せつけられ、最後には砕かれ壊された。］

例（8）の情報構造を図式化すると、【図 1】のようになる。

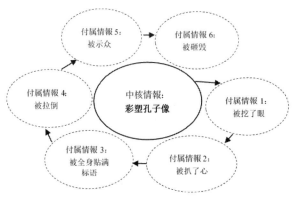

**【図 1】** 目的語残存受身表現を取り巻く文環境の情報構造

例 (8) は孔子像がバラバラになるまで壊された経過が描写された文である。その中で、"被挖了眼"、"被扒了心"、"全身贴满标语" 等の情報はすべてそれらの領属主である "彩塑孔子像" の細部についての記述であり、いずれの情報がなくなっても、文章の成立には影響しない。例 (7) の情報構造とは異なり、例 (8) は情報の提示が「旧情報→新情報→旧情報→新情報……」という新旧情報交替の形式ではなく、領属主を表す「NP₁」が中核情報となり、領属物「NP₃」を含め、領属主に関するその他の記述は、すべて付属情報として扱われている。このとき「NP₁」と「NP₃」の間には「中核的–付属的」という関係が成立し、付属情報が中核情報の変化の様子を描写している。[5] 例 (7) で説明したとおり、一般的な受身表現では、先行文脈の新情報は後続文脈の旧情報となり、その後の内容は、この形式の繰り返しによって導かれているが、例 (8) の分析の通り、目的語残存受身表現では、新情報として提示された「NP₃」が後続節の旧情報として後続の内容を引き出すとは考えにくい。

3.2 話題の支配力

　目的語残存受身表現では、領属主「NP₁」が話題として文頭に現れている。これは目的語残存受身表現の統語構造上における特性の一つである。本節では、話題となる領属主「NP₁」の文全体に対する支配力について見ていく。

(9) 周伯通不愧为现代医学先驱，<u>他被人打断了腿</u>，扔到了东海一山洞中，不仅未死，反而在洞中活了十五年。（豆丁网：科技文献）
　　［周伯通はさすが現代医学の先駆者だけあって、彼は人に殴られ、足が折れてしまい、東海にある洞窟に入れられたが、死ななかっただけではなく、さらにその洞窟で 15 年間も生きていた。］

---

5 査読者より例(8)について、各付属情報の配置順序はそれぞれの動作行為が行われた順によって配置されているのではないか、というご意見をいただいた。筆者はコメントを踏まえ、【図 1】において各付属情報の時間的関係を示した。中核情報と各付属情報の関係や、付属情報の配置順序については、さらなる考察が必要だと考える。

一般的に、人間の表情や動作行為を被写体として撮影する際、その人間はカメラにフォーカスされる対象となるべきである。この撮影時における被写体の存在を文章に反映すると、その被写体は記述の話題となるはずである。表情の変化や動作行為を完全描写するために、その人間が最初から最後まで記述の話題となるように一貫性を維持する必要がある。例（9）は目的語残存受身表現の"他被人打断了腿"が節の一つとして用いられている複文であり、話題（"周伯通"）の作用域（scope）が文の最後まで及んでいる。"他"の身体部位である"腿"が文頭ではなく、文末に現れる目的語残存受身表現が用いられることによって、領属主"周伯通"は複文の主語をも担っており、話題の一貫性が実現している。では、身体部位"腿"が目的語ではなく、主語の位置に現れるとどうだろうか。例（10）を見てみる。

(10) *a 周伯通不愧为现代医学先驱，b 他的腿被人打断，c （周伯通被）扔到了东海一山洞中，不仅未死，反而在洞中活了十五年。 6

例（10）は偏正構造の"他的腿"が受け手主語となる一般的な受身表現が用いられた複文であり、例（9）の意味から判断すると、"被扔到了东海一山洞中，不仅未死，在洞中活了十五年"等が説明をしているのは、すべて受け手主語の"周伯通"である。例（9）の意味と合わせるために、便宜上、c 節の文頭に主語の"周伯通"と受身のマーカーである"被"を補った。例（10）は例（9）と同様の事態を表しているものの、節の a、b、c は例（9）のように自然につながっていない。なぜなら例（10）では記述の話題が、"周伯通－腿－周伯通"のように変化しているからである。領属主"周伯通"の身体部位"腿"が、"周伯通"の作用域から脱し、コントロールが及ばない際だった情報となることで、カメラによってフォーカスされる被写体が"周伯通"から"周伯通的腿"へと切り替えられている。本来、最初から最後まで一貫してフォーカスされるべき記述の話題が変化してしまったことで、"周伯通"は文全体に対する支配力を失ってしまった。よって例（10）の容認度は低下してしまうのだと考えられる。

　このような例（9）と例（10）の比較から、以下2点の目的語残存受身表現の語用的な特性が明らかとなった。
① 話題となる領属主「NP1」は、文の最後まで作用範囲が及んでいるため、文全体への支配力が強い。
② 目的語残存受身表現は、文脈において、常に同一の話題を起点として展開していくことに貢献している。

### 3.3 事件参与者に対するクローズアップ
　目的語残存受身表現において、領属主「NP1」は広い作用域を有しているので、常に話題という地位を維持している。このため、領属物「NP3」が領属主「NP1」の身体部位の一部である表現が、特に芸術作品において人物像を描く際、非常に多く用いられていた。例えば、

---

6 例文中のアルファベット a、b、c は筆者による。

(11) a 林一洲被问红了脸，振作回答："我觉得……有缘千里来相会。"

（王朔《修改后发表》）

　　 ［林一洲は質問されて顔が赤くなった、吹っ切れた感じで答えた："私が思うに……
　　 縁があれば千里離れていても会うことができる。"］

　　 b 林一洲振作回答："我觉得……有缘千里来相会。"

　例(11a)は人の容貌変化と言語行動を描写している。特定の人物"林一洲"が話題として、
統語構造上の文成分の最後まで作用している。クローズアップされた"林一洲"が、どの
ような表情の変化を見せ、どのような話をしたのか、という作者が注目させたい林一洲の
様子を伝達している。「NP3」として身体部位の一部である"脸"が中核的な情報"林一洲"
の人物像を描くための付属情報の一つとなっている。この情報は、"林一洲"の人物像が
より充実的かつ鮮明に構築されることに貢献しており、例（11b）のように削除されても文
の容認度は下がらない。今回の調査で得られた 200 例の目的語残存受身表現のうち、人物
像が細やかに描き出されている例（11a）のような文は、64 例（調査対象全体の約 1/3）であ
った。

## 4. おわりに

　第 1 節にて提示した課題に対する考察の結果をここにまとめる。中国語の目的語残存受
身表現の構文は、受身表現の構文領域において周辺的なものである。この表現が文脈に用
いられる動機として次の二つが考えられる。
①意味の観点から、事件参与者の領属主が不利益を被るという発話者の認識を表すため。
②情報構造の観点から、ある事態を記述する際、領属主「NP1」を文の話題として、最後ま
　でその地位を維持するため。
　また、一般的な受身表現の情報構造は、「旧情報→新情報→旧情報…」という交互の情報
伝達構造により記述が展開されているが、目的語残存受身表現においては、「中核情報－付
属情報」というように領属物を表す「NP3」は付属情報として出現しており、一般的な受身
表現のように後続文脈の話題として旧情報となる可能性は極めて低い。
　目的語残存受身表現の構造が一般的な受身表現と最も異なる点として、領属主「NP1」が
話題として文頭に出ていることが挙げられる。これにより領属主「NP1」の作用が文脈の最
後までに及ぶ。この機能により、発話者（或いは書き手）が事件参与者の鮮明な表情変化
や動作行為を描写したい文脈において、目的語残存受身表現が多く用いられている。

**参考文献**

郭圣林　2006　《被字句的语篇考察》，《汉语学习》，第 6 期。
李临定　1980　〈"被"字句〉，《中国语文》（06），401-412。
吕叔湘　1965　〈被字句、把字句带宾语〉，《中国语文》（04），287-263。
潘海华・韩景泉　2008　〈汉语保留宾语结构的句法生成机制〉，《中国语文》（06），511-522。
孙园园　2011　《领主属宾"被"字句的特点及使用动因考察》，《理论界》，第 8 期。

王娟・周毕吉　2016〈带保留宾语的被动句与偷抢类双宾语的深层句法关系〉,《现代外语》（01），31-41。

徐杰　1999　〈两种保留宾语句式及相关句法理论问题〉,《当代语言学》第 1 期。

徐杰　2005　〈被动句式与非宾格句式的一致与差异〉,『现代中国語研究』第 7 号，59-67。

于康　2009〈日汉所有关系被动句与所有物共现的语义条件〉,《日语学习与研究》（04），2-9。

岳辉・吴恒　2019〈保留宾语被动句允准的领属关系类型及认知分析〉,《世界汉语教学》（01），58-69。

星英仁　2011「間接受身文の事象と統語構造につて」,『日中理論言語学の新展望 1 統語構造』，影山太郎 沈力編，くろしお出版，1-32。

李臨定著　宮田一郎訳　1993『中国語文法概論』，光生館。

下地早智子　2000「日本語と中国語の受身表現について―機能主義的分析」,『人文学報』，第 311 号，75-91。

鵜殿倫次 2005「"間接受動文"と二重目的語の受動化」,『愛知県立大学外国語学部紀要』，第 37 号，409-430。

Brown, G. and Yule, G. 1983 *Discourse Analysis*. Cambridge Textbooks in Linguistics.

Dixon，R.M.W 1979 *Ergativity*. Language 55,59-138.

Mira Ariel 1990 *Accessing noun-phrase antecedents*. Routledge.

Ronald W. Langacker 2008 *Cognitive grammar : a basic introduction*. UK:Oxford University Press.

Silverstein , M 1976 *Hierarchy of feature and ergativity*. R.M.W. Dixon（ed.）Grammatical Categories in Australian Languages, 112-171. Canberra: Australian Institute of Aboriginal Studies.

（路浩宇　huanyinglaixin007@yahoo.co.jp）

## On the Pragmatics Motivation and Information Transmission Function of The Chinese Passive Construction with Retained Objects (PCRO)
### LU Haoyu

Abstract: As for the Chinese passive construction with retained objects (PCRO), previous studies mainly focused on the generation mechanism of the retained objects and the types of possessive relationship. This paper attempts to discuss the motivation that PCRO is used in pragmatical context and the speaker's pragmatical motivation on the basis of discourse grammar, and also discusses the differences between PCRO and the prototypical passive sentence in information structure collocation and the function in context.

Keywords: retained objects; passive construction; pragmatics motivation; information transmission

# 清末粤语文献中的"等"字使役句[1]

## 张美兰

香港浸会大学中文系

**提要：**动词"等"表"等待"之义始于唐代，并成为"等"之常用义。其句式一般为"NP$_1$+等+NP$_2$"或"NP$_1$+等+NP$_2$（无生名词）+VP"，也可用在小句前表示主要动作发生的时间，相当于时间副词，表示"等到……的时候"或"……的时候"。而当"等"用在"NP$_1$+等+NP$_2$（有生名词）+VP（+NP$_3$）"的句子里，"等"充当兼语时，就有了使役的用法。特别要指出的是清末粤语文献中"等"字使役句占有一定的比例，本文通过同一文献在北京官话与粤语的句式比较，发现：粤语"等"字使役句有致使、容许、祈请三种用法，尤其是"祈请"义"等"字句，丰富了该句式的特点，说明"等"字使役句在早期粤语中的地位。

**关键词：**清末　粤语　"等"字使役句　语义特点　比较研究

## 一． 学界关于使役动词"等"的研究综述

（一）关于使役动词"等"的产生时代

汉语使役句，是指由使役动词"俾、使、令、教、叫、让、等、待、给"等构成的使役句。关于"等"字句，刘华丽（2015）指出唐代才见"等"之"等待"义，且用例不多。出现的句式有（A）"（N$_1$）+等+N$_2$"；（B）用于用于连谓结构"（N$_1$）+等+N$_2$+V"。从时间上的等待到主观上的愿望、请求，"等"就发展出"让、允许"的意义，而主观愿望强烈时，"等"就带有使令意义了。当"等"由 N$_1$ 单方面行为的"等候、期待"转化为 N$_1$ 与 N$_2$ 双方关系时，"N$_1$+等+N$_2$+V"，N$_1$ 对 N$_2$ 的主观态度得到了增强。元杂剧里即有"等"字句的用例，N$_2$ 常常为第一人称代词或自指名词，语义表达说话人自己的一种愿望（wish/will），或一种委婉请求。如：

> （张千云）大姐，你且休过去。**等**我遮着，你试看咱。（《元曲选·智宠谢天香》第二折）
> （正旦云）姑姑，**等**我自寻思咱。（《元曲选·望江亭》第一折）

"等"字使役句真正确立是在明代。使役句中的 N$_2$ 常为第一人称代词，句子表达"（我想做某事）让我做某事"之义。句式出现的语体一般都是对话语体，N$_1$ 一般也不必出现。石汝杰、宫田一郎（2005：127）指出："等"在明清吴语中（《型世言》、《党人碑》）可用做使役动词，表示"让、使"的意思。如：

---

[1] 本文是"近代汉语后期语法研究与现代汉语通语及方言格局形成之关系研究"（19ZDA310）子课题阶段性成果。

（1）月公道："我徒弟自有，徒孙没有，**等**他做我徒孙罢。" 就留在寺中。（《型世言》第 30 回）

（2）如此说，相公请坐了，**等**我一头斟酒，一头说便了。（《党人碑》第 9 出）

（3）我今日哟勿要开啥牢店哉，且**等**耳朵里静办勾日把介。（《报恩缘》第 15 出）

（4）**等**倪散散心看，勿然是坐勒屋里向，倪头脑子也涨格哉。（《九尾龟》第 24 回）

（5）就来仔末，**等**俚哚亭子间里吃。（《海上花列传》第 21 回）

郑伟（2007）指出在四百多年前的吴语文献《绣榻野史》中"等"可表给予、使役、被动。他列举了两例，如：

（6）你肯再把阿秀**等**我弄一弄罢。（44 页；把阿秀给我弄一弄）

（7）后头要把母猪**等**你杀完了，我们两个骡子要**等**你骑了，才算报得完哩。（97 页）

（二）关于使役动词"等"使役语义的讨论

大部分学者将使役动词"等"看作容许义这一类。石汝杰、宫田一郎（2005：127）"等"表使动，也皆表自愿容许。目前学界大都认定"等"是表自愿容许义。林素娥（2017：298）指出：一百多年前上海话文献中使役动词"教、叫"只做使令、致使类动词，不表容许，"等"做容许义使役，但限于自愿容许。"让"也主要用作自愿容许，极少理解为非自愿容许。只有"放"常出现在否定祈使或意愿句中，表自愿容许和非自愿容许，且以后者为主。"等"仅 3 例，皆为自愿容许义使役动词，如：

（8）但是第（那）条蛇拉在旁边对伊（蟹）看之长远，忽然昂起之头咾（并）朝前游过来，拿蟹个（的）背、腹，绕之了几转，蟹**等**蛇绕好之，伊就拉在沙草上翻来覆去个勿停，蛇绕得愈紧末蟹翻得愈快，实盖能样式终有几个钟头，后来末蛇无没气力咾，只好挺直之僵脱拉沙地上勿动。（《课文》1923：第 26 课，引自林素娥 2017：288）

如此看来，"等"是强度较弱的使役动词。

（三）关于使役动词"等"在共时层面的分布

曹志耘（1997）指出金华汤溪话有"等"的使役用法。许宝华和宫田一郎（1999：6186），从表致使义"等"的方言分布来看，它主要见于吴语、粤语、客家话、赣语、湘语以及西南官话区。何忠东、李崇兴（2004：262）虽然对"等"由"等待"义到"容许"义的演变没有涉及，但是文章对属于西南官话片的湖南汉寿方言中"等"由"致使""容许"义到被动标记的演变进行了深入的研究。可见汉寿方言有使役动词"等"的分布。曾毅平（2003）介绍了石城（龙岗）客家话中"等"可用做致使义动词。林素娥（2007）指出湘语邵东简家陇镇话"等"可用做致使义动词。刘华丽（2015）指出"等"字使役句不是使役句的主导句式，明代以后基本渐渐消失，在方言中继续发展。"等"字句的使用地域范围很窄，限于赣语和小部分湘西方言。汪化云（2017）指出黄孝方言中表"等待"义的动词"等"，演变为表"容许"义的"等"。"等待"义的"等"演变为"容许"义"等"的现象在西南官话中比较多见。汪化云（2017）指出表示"等待"义的"等"演变为表示"容许"义，进而虚化为被动标记的现象，常见于赣语、客家话、湘语，相邻的部分吴语和西南官话、江淮官话中也存在这个现象。

综上所述，只有许宝华和宫田一郎（1999）提到了粤语中"等"字有致使义的用法。

（四）"等"的使役义来源

学界讨论"等"的使役标记来源，基本是在讨论"等"字被动标记来源时加以阐述的。何亮（2005）、刘华丽（2014、2015）、汪化云（2017）、习晨、罗昕如（2019）都认为"等"是由近代汉语中的等待义动词虚化为致使义动词"使、让"，并演变为汉语方言中的被动标记"等"的过程。何亮（2005）指出表"等待"的动词"等"→表"允许、让"的使役动词"等"→被动标记"等"的过程。刘华丽（2015）指出："等"字句的句法变化是在语义演变的促使下产生的，"等"字句由连谓结构"（N₁）+等+N₂+V₂"变为兼语句，N₂既是宾语又是主语。"等"使役句中 V₂一般为简单动词，一般不带宾语，有时可以带宾语，但不带补语。汪化云（2017）指出：关键是出现了句式（一）"NP₁+等+NP₂+VP"的兼语句式中。而句式（二）"NP₁（非 VP 的施事）+等+NP₂（有生、施事）+VP（可控、进行）"是其演变为"等₂"的条件，即： NP₂是兼语成分，一般由有生名词充当，成为"等₂"的容许对象和 VP 的动作行为发出者。"NP₂+VP"是NP₁可以控制的动作行为，容许出现的现象可以是已出现、在进行中的行为，VP 的施事限于NP₂。而林素娥（2015）指出：吴语、粤语、客家话、赣语、湘语等汉语方言格局基本形成于南宋时代（游汝杰 1992：95），皆早于致使义"等"的始见时代（宋元）。致使义"等"可能不是来自共同语中的等待义"等"，而可能是方言词。因此，它应该另有源头。她结合吴语早期文献及汉语其他南方方言"等"的用法，认为吴语及其他方言中致使义动词"等"和被动标记"等"的用法来自给予义动词"等"，其语法化路径即为："等给予＞等让、使＞等被动标记"。"等"只是汉语方言中"给予"义动词语法化中的成员之一而已。早期宁波话中的连－介词"等"应直接源于致使义动词"等"的语法化。

对此，本文偏向于何亮（2005）、刘华丽（2014、2015）、汪化云（2017）的观点。

## 二. 粤语"等"字使役句

综上所述，吴语金华汤溪话、上海话、湘语、赣语、客家话、西南官话、江淮官话都有"等"字使役用法。粤语有没有"等"字使役用法，目前只有许宝华和宫田一郎（1999）提及，很少有人注意过。且学界的研究主要着眼点在讨论方言从"等"字使役到被动用法，曾毅平（2003）、汪化云（2017）侧重从共时角度分别讨论了石城（龙岗）客家话和黄孝方言"等"字使役到被动的用法，林素娥（2017）随侧重从历时角度讨论早期上海话"等"字，但话题也是从使役到被动的用法。至今还没有论文专门从历时角度讨论过方言"等"字使役用法，更没有讨论粤语"等"字使役用法的文章。

我们选取清代末年的粤语资料进行了调查，发现了"等"的使役用法的情况。我们根据粤语《天路历程》《粤音指南》《订正粤音指南》中的"等"字使役语义句式，分析 19 世纪末20 世纪初该句式的句法语义特点。

英国传教士马礼逊将 The Pilgrim 's Progress 翻译成汉语文言文《天路历程》。后人在此基础上，1865 出版了北京官话《天路历程》五卷，在北京官话基础上，《天路历程》五卷羊城土话粤语翻译版（1871 年/同治十年）出版。故此两个版本词汇和句式间的对译，有较高程度的契合，便于比较。北京官话《官话指南》四卷（1881），有一句一句对应的粤方言翻译本：《粤音指南》四卷（1895 年第一版/1910 年第二版)和《订正粤音指南》三卷（1930），它们之间词汇和句式间的对译，也有较高比较契合度。因此，我们说明粤语"等"字使役用法时，会对照其官话对应的使役表达。与《粤音指南》的现象相同，《官话指南》有上海话《土话指南》的翻译本（1889），因此，在适当的时候会引用沪语辅助说明使役用法特点。

（一）粤语《天路历程》中的"等"字使役句

张美兰（2006）指出：就使役范畴而言，近代汉语使役句中，"使/令/遣"字句主要表致使，但也可表使让；"教/交/著（着）/放/让"既表使让，也表致使；"等/待/给"主要表允让，也可表致使。将使令性动词对于其施动对象的使役力强度具有一定的级差性，即：命令性的强烈使役＞致使性使役＞容让性使役。从左到右，说话人对于受话人的权威性逐渐减弱。

使役动词有使役强度的差异，可分为命令（高强度使役）、致使（中强度使役）和容任或允让（低强度使役）、祈请（低强度使役）。粤语高强度使役用"令"字。而粤语"等"字使役句主要对应的是中强度的致使、低强度容任或允让。《天路历程》有北京官话与粤语对译的文本，两相比较，粤语中的"等"字句，是对译官话的"叫"字句"让"字句等。按上下文语义，可分致使义a、容许义a、请求义c。

1. 致使义"等a"，对译官话中使役动词"叫"，有8例。如：

（1）a. 既系必要经过呢处，因何唔修整好个条路，**等**人易行呢？（《羊城土话》）

b. 既然从此经过，为甚么不修好这地方，叫人好走？（《北京官话》）

（2）a. 尽忠又搣圣经嘅说话，俾过我睇，**等**我唔使思疑。（《羊城土话》）

b. 尽忠又把经上的话，指给我看，叫我去疑。（《北京官话》）

（3）a. 佢话，当跪倒处，恳切求天父开通我心，**等**我认识耶稣。（《羊城土话》）

b. 他说当跪下祷告，切切恳求天父，开我的心眼，叫我能彀认得耶稣。（《北京官话》）

（4）a. 请你将呢件事讲解，**等**我明白。（《羊城土话》）

b. 请你把这事解说，叫我明白。（《北京官话》）

（5）a. 佢自己都难知，所以我搣企在墙外，人不能见，将油淋火嘅人俾你睇，**等**你知到呢样呀！（《羊城土话》）

b. 他自己也难知道，故此那把油浇火的人站在墙外，瞧不见的，是叫你晓得这个。（《北京官话》）

（6）a. 你是必搣好事情指点我，**等**我行呢条路，大有所益。（《羊城土话》）

b. 必有益好事情告诉我，叫我走路，大有益处。（《北京官话》）

（7）a. 个官就将佢两人打得好凄凉，又搣锁链锁锁住，拉佢到处行。**等**众人怕，唔敢共佢结党，亦唔敢话佢系着。（《羊城土话》）

b. 官府把两人打得凄惨，拿铁链链在身上，带到各处，给众人瞧，叫人害怕，不敢和他结党，也不敢说他们有理。（《北京官话》）

（8）a. 乐工时常将乐器吹打，舞手弄脚，**等**人知佢欢喜得哓呢两人做伴，令大众嚟迎接呀。（《羊城土话》）

b. 乐工常常把诸般的乐器吹打，指手画脚，叫人知道他喜欢得着二徒做伴儿，乐得出来接待。（《北京官话》）

可见，致使义"等"字句是粤语"中强度使役"的表达，对译的是官话"叫"字使役句。

2. 容许义 "等 b"，对译官话中使役动词 "让"，有 3 例。如：

（9）a. 尽忠回头一望，基督徒又话："咪行自，咪行自，**等**我嚟到你处。"（《羊城土话》）

b. 尽忠回头瞧他，他又话："慢走慢走，**让**我好赶得上。"（《北京官话》）

（10）a. 美徒话："既系嘅，**等**我先行。"（《羊城土话》）

b. 美徒道："这样，**让**我头里走。"（《北京官话》）

（11）a. 再将说话劝解佢吖，抑或总唔理佢，我哋先行，**等**佢想吓我哋嘅说话。（《羊城土话》）

b. 还是再解劝他，还是舍了他先走，**让**他回想我们的话。（《北京官话》）

3. 祈愿请求义 "等 c"，对译官话中情态副词、助动词等，有 5 例。如：

（12）a. 尽忠话："你若唔讲，**等**我自己讲。"（《羊城土话》）

b. 尽忠道："你不肯说，**且**听我说。"（《北京官话》）

官话用情态副词 "且"，"且" 用于**祈请句最**早见于魏晋南北朝时期，表建议是其主要的语用功能。直到元明清这种功能没变。如：

汝且近前，听孃一句之语。（《敦煌变文校注・秋胡变文》）

你且上楼去，和你说话。（《水浒传》第 7 回）

你且莫问，日后自然明白的。（《红楼梦》第 1 回）

（13）a. 不过试吓你，**等**你讲出嚟，显明你个点真心呋。（《羊城土话》）

b. 我不过试探你，**要**你说出话来，显明你的诚心。（《北京官话》）

官话用表 "必须" 义的助动词 "要"，"要" 用于**祈请句**在唐代已有用例，主要表示要求或劝告。

（14）a. 就将个网擘开，放二徒出去，对佢哋话："跟住我嚟，**等**我带你番去正路喇。"（《羊城土话》）

b. 就把网撕裂了，放二徒出来，对他们说："跟着我，我领你们回到正路。"（《北京官话》）

官话用 "**跟着我，我领你们回到正路。**" 就是**祈请句** "请……"。

（15）a. 如今嚟到呢处咯，**等**佢入去天城，欢喜见主嘅荣光喇！（《羊城土话》）

b. 可以进天城，乐得见主的荣耀，今儿到这里喇。（《北京官话》）

官话用 "可以进天城" 也是祈请句 "请……"。

（16）a. 传道话："你企在呢处一阵，**等**我将上帝嘅说话教你。"（《羊城土话》）

b. 传道说："你暂且站在这里，我把上帝的话告诉你。"（《北京官话》）

官话用 "我把上帝的话告诉你" 也是祈请句 "请……"。

综上所述，粤语《天路历程》的 "等" 字使役句有致使义 "等 a"、容许义 "等 b"、和祈愿请求义 "等 c"。其对应的官话表达也随致使义的强弱略有差异。

（二）《粤音指南》中的 "等" 字使役句

1. 致使义 "等 a"，对译官话中使役动词 "叫"，有 3 例。如：

（17）a. 我出尽周身力，俾佢一个唔注意，**等**佢食唔住，就要揇着走。（《粤音》）

b. 我就攒足了劲儿，给他一个冷不防，**叫**他吃不了，得兜着走。（《官话》）

该句在沪语《土话指南》中用使役动词 "让"："若使碰起我来昧，一把揪牢之，拨伊一个勿壳涨，让伊吃得苦头来，响亦响勿出。"

　　（18）a. 出嚟同佢讲开吓，等佢哋两边都平安无事，嗽唔系好咩？（《粤音》）

　　　　　b. 给他们出来说合说合，叫他们两下里平安没事，那不好？（《官话》）

　　（19）a. 但系重要扎条绳落房里头，等佢透吓风系至紧要嘅。（《粤音》）

　　　　　b. 可是你还得把那根绳子拴到屋里去，叫他们透透风是要紧的。（《官话》）

　　该句在《订正粤音指南》中用使役动词"俾"："绑嗰条绳喺房里头，俾风吹吓的衣服。"

　　使役标记词"等"与方言词"俾"、官话词"叫"对译，粤语使役义"等"字句占有一定比例。

2. 请求容许义"等b"，对译官话中尝试态重叠动词或带语气的祈请句，有3例。如：

　　（20）a. 嗽你先拧嗰簿草稿出嚟，等我睇吓。（《粤音》）

　　　　　b. 那么您把那本草稿儿拿出来，我先看看。（《官话》）

　　该句在《土话指南》中用"让"："格味第个草稿担出来，让我看看看。"

　　（21）a. 若系老爷而家得闲，可以带佢入嚟，等老爷睇吓。（《粤音》）

　　　　　b. 现在您若有工夫儿，可以带他进来，老爷先看一看他。（《官话》）

　　该句在《土话指南》中用"让"："现在有工夫味，我去领伊来，让老爷先看一看，中意否？"

　　（22）a. 我已经将个啲衣服抷过，晒好嘑，请你睇吓。悟，嗽等我嚟睇吓咋。（《粤音》）

　　　　　b. 我已经把衣裳都抖搂好了，晒上了，请您去看看。哼，那么我去瞧瞧罢。（《官话》）

3. 请求义"等c"，对译官话中带语气的祈请句，有3例。如：

　　（23）a. 你赶紧去拧茶叶，等我自己嚟冲喇。（《粤音》）

　　　　　b. 你赶紧的拿茶叶去，我自各儿沏上罢。（《官话》）

　　（24）a. 阁下系客，我哋点敢当呢，不如等我哋自己斟罢喇。（《粤音》）

　　　　　b. 阁下是客，我们如何敢当，还是我们自己斟罢。（《官话》）

　　（25）a. 阿，呢啲系拧错咯，等我换翻你嗰个嚟喇。（《粤音》）

　　　　　b. 啊，这是拿错了，把您的换来罢。（《官话》）

　　综上所述，粤语《粤音指南》的"等"字使役句有致使义"等"、容许义"等"、请求义"等"。粤语句式中这种句式语气比较缓和，动词以"V吓"表示或句末多用语气词"喇""咋"，对应的官话表达也略有差异。

（三）《订正粤音指南》中的"等"字使役句

　　《订正粤音指南》中出现的"等"字使役句，对应的官话句子都是使役标记不明显，依赖语境背景语义，属于低强度的请求容让义的"等"字，有10例。如：

　　（26）a. 未装好磁器个时，搣纸泔水黐落去，等佢（磁器）稳阵吖。（《订正》）

　　　　　b. 那磁器得拿纸蘸上水糊上，再装才妥当。（《官话》）

　　官话用表必要义的助动词"得"，"得"也是清代北方口语中的常用助动词。

　　（27）a. 去带吴先生个跟班嚟，凡系房内嘅事，你就交托过佢，等佢一概明白吖。（《订正》）

　　　　　b. 那么你现在把吴老爷的跟班的找过来，把这屋里事，都交待明白他。（《官话》）

以上 2 例用"等伊+VP"，致使意味强烈。例（1）指使磁器放置稳当。例（2）指致使"他"明白。

(28) a. 我怕个钟唔啱，**等**我睇吓个表喇。（《订正》）

     b. 那架钟怕不准罢，看看我那个表。（《官话》）

(29) a. 我就话，虽然揾番个枝筹，**等**我点吓的货，睇过是不是少，噉大家较满意喇。（《订正》）

     b. 我又说，虽然把这根筹找出来了，到底咱们再把货盘一盘，看看短不短，彼此可就更放心了。（《官话》）

(30) a. 老哥请上坐喇，**等**我同你拜年。（《订正》）

     b. 兄台请上，我给您拜年。（《官话》）

(31) a. 请事头喺书廔坐住，**等**我话过我东家知。（《订正》）

     b. 您先请在书房里坐一坐，我进里头告诉我们老爷去。（《官话》）

(32) a. 你咪过于批评咋，**等**我讲罢喇。（《订正》）

     b. 你别混挑字眼儿了，听我快说罢。（《官话》）

该句在《土话指南》中用"让"。如："勿要缠勿清，让我快点讲。"

(33) a. **等**我哋听吓，你所讲嘅典史十令喇。（《订正》）

     b. 甚么叫十令？你快说一说。（《官话》）

(34) a. 啊，我拧错晓，**等**我去换过俾先生。（《订正》）

     b. 啊，这是拿错了，把您的换来罢。（《官话》）

"等我（我哋）+VP"，表自愿容许义比较强，也是一种间接祈使方式。

两相比较，相对于官话文本中，原文通过上下文语境表现出的祈请句式，而粤语文本则是偏向使用"等"字标记的句式。

## 三. 讨论与总结

汉语由使役动词"俾、使、令、教、叫、让、等、待、给"等构成的使役句，在汉语不同的时期先后产生。在《粤音指南》和羊城土话《天路历程》中，粤语的使役句除了上文的"等"字句外，最常用的是"令"字句，其次是"俾"字句，相对而言"等"字句比例小。"使"字句只是偶尔用在 "唔使……"的否定使役句中。

（一）从历时句式演变看，"俾"字使役句早在西周时期《诗经》《尚书》中普遍使用。

在春秋战国及两汉时期使用衰落，魏晋开始集中在《三国志》、《南齐书》、《宋书》、《魏书》等史书的公文中使用，成为一个有语体色彩的句法特征，直到清代的诏敕文书都有使用。但在粤语中还有保留。羊城土话《天路历程》"俾"字句 22 例，其对译的官话所对应的是**"给"**字句（6 例），**"叫"**字句 4 例、"让"字句 3 例、"许"字句 3 例。"俾"字句来源于"俾"的给予义，由此引申出使役义。而"使"字句，早期表达"使令""致使"义，唐以后至明清的"使"字句有固化的倾向，多表达"致使"义。羊城土话《天路历程》偶尔用在否定句中，表示否定致使。"令"字使役句在先秦时期既表使令，也表致使，中古多用，唐五代以后语义逐渐单一化，主要表达"致使"。粤语继承了其主要用法。羊城土话《天路历程》"令"字句多达 103 例，其对译的官话所对应的主要是"叫"字句（71 例），个别是官话的"教"字句、"使"字句、"给"字句。从中可以看出：十九世纪末二十世纪初，粤语中"令"字句是使役义常用句式，"俾"字句是具有粤语地方特色的句子，而"等"字使役句是明代新出现的句子，从地域语言学来说，它是包括粤语在内的南方许多方言地区都在使用的句子。这对于我们认识粤语中"等"字使役句在粤语使役句中的历史发展概貌和地位有特别重要的帮助。

（二）"等"原本是等待义动词，作为一个分句，其动作也可表示在某一时段之前将会完成某个动作。等待出现的现象一般是尚未进行的行为，即将可以实施的行为。通过对粤语材料的分析，我们对"等"字使役句产生的途径有了更加深刻的认识。

"等"字句"NP$_1$+等+NP$_2$+VP"中，实际上"NP$_1$"常常在句中省略的，"等"一般都是出现在句首，但根据句义可以得出"NP$_1$"一般为听话人（"你"）。因此，在请求等待的语境中，表示"等待"的实义进一步被削弱，与说话人态度有关的表示"请求、建议"的祈请义凸显出来。当 NP$_2$ 是有生名词，且是 VP 的施事者时，"NP$_2$+VP"可以被控制，VP 是即将出现的动作行为。且是操控动词时，该句式中的"等"既可以解释为"等待"也可以解释"让"的语义。NP$_1$(非 VP 施事)+等+NP$_2$(有生、施事)+VP(可控、即将进行)，让 NP$_1$ 等待，而 NP$_2$ 去发出新动作。这样的两解"等"字也有几例。如：

a. **等**我过去再嚟摆设。若系你一个人做唔通，揾个伙计，帮吓亦好。（《粤音指南》）

b. **等**我过去再调度安置。若你一个人儿弄不了，找个伙伴儿，帮着也使得。（《官话指南》）

这样可以两解的例子，虽不是典型的"等"字使役句，但是我们想说明的是"等"字使役的来源还是经过了"NP$_1$(非 VP 施事)+等+NP$_2$(有生、施事)+VP(可控、即将进行)"，再到汪化云（2017）所说的"NP$_1$(非 VP 施事)+等+NP$_2$(有生、施事)+VP(可控、进行)"的过程。一般 NP$_1$ 是指称的第二人称，NP$_2$ 大都为第一人称、少数为第三人称充当。

（三）根据粤语"等"字句在上下文中的语义和对应的官话句式，如上文第二部分所论，其句式语义有表"致使"（指示使役：表示"使役者通过积极的命令、指示的方式来干预被使役者"）、"请求"（自发使役：使役者有意识地施加任何影响来积极地干预被使役者"）、"允让"（**许可使役**：使役者通过有意识地不施加任何影响来消极地干预被使役者"）三个方面的语义。句式表达使役的程度还与句中的动词、语气词、兼语是第一人称、第三人称这些因素有关系。学界对上海话、黄孝方言研究，都只强调"等"字使役句的"容允"这一语义。但是，我们通过对粤语材料的分析，发现粤语"等"字使役句语义要更为丰富：a 致使（指示使役）＞b 允让（许可使役）＞c 请求（自发使役）。

（四）本文对粤语句式的研究，借助于同一文献所对译的北京官话文本，通过粤语与北京官话材料同一类句式的比较，发现粤语了"等"字使役句的用法特点。同一文献不同文本比较，是文献语言研究的新视角，从另一侧面揭示出了粤语句式一般不易发现或容易被忽视的特点。

（五）相对于北京官话文本，粤语的句式表达更注重句式标记。北京官话文本中表允让或请求义，往往依据语境或句末语气词表达的句子，而粤语明确以"等"字句表达。而粤语中有标记的"令"字句、"俾"字句，总比其相对应的官话材料有标记的句式多得多。相对于其他句式的比较，大致情况如此，这是本文句式比较研究中的收获所在。

**参考文献**

曹志耘, 1997. 金华汤溪方言的动词谓语句, 李如龙, 张双庆主编《动词谓语句》, 广州：暨南大学出版社。

邓思颖，2015.《粤语语法讲义》，香港：商务印书馆。

何　亮，2005. 方言中"等"字表被动的成因探析，《语言科学》第 1 期。

何忠东、李崇兴，2004. 汉语"使役""被动"规律性演变的方言佐证——汉寿方言中的"等"字被动句，《武汉理工大学学报》第 2 期。

刘华丽，2014. 汉语"等/待"使役结构历时考察，《东亚文献研究》，第 14 辑。

刘华丽，2015. 汉语使役句句法、语义的历时研究，清华大学文学博士学位论文。

林素娥，2015. 一百多年前宁波话连—介词"等"的用法及其来源，《语言科学》第 4 期。

林素娥，2017. 一百多年前上海话的使役、被动标记，《语言学论丛》第 56 辑。

盛益民，2018. 从特殊音变看宁波话传教士文献中多功能虚词"等"的来源——兼论苏沪、宁波方言多功能虚词"搭"的非同一性，《语文研究》第 4 期。

石汝杰、宫田一郎，2005.《明清吴语词典》，上海辞书出版社。

习　晨、罗昕如. 2019. 论樟树方言被动标记"等"及其语法化，《齐齐哈尔大学学报》第 3 期

许宝华、宫田一郎，1999.《汉语方言大词典》，中华书局。

汪化云，2017. 黄孝方言中"等"的语法化，《方言》第 2 期。

杨凯荣，2016. 论上海话的使役、被动标记，《华东师范大学学报》第 1 期。

郑　伟，2007. 吴语早期文献所见的"等"字句，《中国语文研究》第 2 期。

周无忌、欧阳觉亚、饶秉才，2011.《普通话广州话用法对比词典》，香港：商务印书馆。

曾毅平，2003. 石城（龙岗）方言的被动句、双宾句、"来、去"句和"添"字句，《汉语方言语法研究和探索———首届国际汉语方言语法学术研讨会论文集》，黑龙江人民出版社。

北京官话《天路历程》五卷京都福音堂藏板，咸豐三年（1865）。

羊城土话《天路历程》五卷同治十年（1871）。

《粤音指南》香港别字馆第二版宣统二年（1910）。

《订正粤音指南》，英国威礼士重订，Printed by Wing Fat & Company, Hong kong, 1930.

（张美兰　mlzh1809@hkbu.edu.hk）

# The Causative Sentence of "Deng"in Cantonese Literature of Late Qing Dynasty
## ZHANG Meilan

**Abstract** The meaning of "waiting" expressed by the verb "Deng" began in the Tang Dynasty and has become a common meaning of this verb. Sentence pattern of "Deng" is generally expressed in the form of "NP$_1$+Deng+NP$_2$" or "NP$_1$+Deng+NP$_2$(inanimate noun) +VP". Furthermore, "Deng" can also be used precede a clause to indicate the time when the main action occurs, which is equivalent to the function of time adverb, and represent the meaning of "Wait until it's time to …" or "It's time to …". When "Deng" appears in the sentence of "NP1 + et + NP2 (noun) + VP (+ NP3)" and manifested as pivotal component, it also has a causative usage. It is important to point out that the causative sentence of "Deng" accounts for a certain proportion in Cantonese literature in the late Qing Dynasty. In this paper, we compared the sentence patterns of the same literature written in Beijing Mandarin and Cantonese and found that the causative sentence of "Deng" in Cantonese has three usages: cause, permit, and pray. In particular, the type of "Deng" sentence expressing the meaning of "pray" not only enriches the characteristics of this sentence pattern, but also demonstrates the status on causative sentence of "Deng" in early Cantonese.

**Keywords:** Semantic features; Cantonese; causative sentence of "Deng"; late Qing Dynasty; Comparative study

# 基于统计分析的鸟类名称语音象似性考察 *

## 应学凤　　李钰

中国　浙江外国语学院中国语言文化学院

**提要：** 通过对鸟名用字语音和鸟鸣叫声对应关系的调查实验，发现鸟名用字的语音和鸟鸣叫声之间有着一定的对应关系，鸟名音义之间的关联程度从高到低可以分为三级。语音象似的手段有：音色象似、音高象似和音长象似，其中音色象似是主要的。研究表明，鸟名命名是有一定理据的，不少鸟名的命名与它们的鸣叫声密切相关，但鸟名音义之间的象似度没有设想的那么高。

**关键词：** 鸟类名称　语音象似　音色象似　计量统计　听辨测试

## ○ 引言

自索绪尔（1980）提出语言符号是任意性的观点以来，任意性说成为主流。随着认知语言学的兴起，语言符号象似性的一面逐渐得到重视，尤其是结构象似。语言的语音和语义之间的关联考察起来就困难的多，但语音象征确实存在，已有不少相关研究。史有为（1992、1994、1995）对语音和语义的关系进行了探索。史先生提出音节构造有意义，声母、韵母和声调都能表达意义，声调是音节中最有意义的部分（史有为，1992）；接着，他比较详细地探讨了音义之间的关联，重点阐述了韵母的洪细和阴阳不同，关联的意义也不同。具体来说，"韵母洪或阳，意义显然比较积极"，"韵母细或阴，意义比较消极"，"古代的入声和咸摄（收-m）字，意义也倾向于消极，或者比较感情激烈"（史有为，1995）。史有为（1994）还特别指出"不少实词来源于拟声。"他提出"鸭、鸡、牛、蛙、娃"等与相应动物或人的发出的声音有关。朱晓农（2004）论证了高调与亲密之间的对应关系，认为语音具有表义功能。有关研究从多个角度证实了指示代词音义之间存在显著关联，并具有跨语言共性。（刘丹青、陈玉洁，2008、2009；应学凤，2008、2010）应学凤（2009；2012）先后考察了现代汉语单音节反义词音义的关联、多音节拟声词韵律与语义的关联等。还有研究发现，中国境内民族语人称代词的语音象似性显著，它们的声母、韵母、有声调语言的声调遵守着多样的原则，体现着不同程度的语音象似性（严艳群、刘丹青，2013）。高再兰、郭锐（2015）认为

---

\* 感谢匿名审稿专家细致的修改意见，使本文减少了不少错误。尚存问题概由笔者负责。

形容词的简单形式和复杂形式对应的语义不同，简单形容词的音节长短（即单双）和复杂形容词的音节构成与词义的褒贬之间存在较强的对应关系，他们认为形成这种对应关系的原因在于声音象似性。总之，语音在一定程度上能传达意义。本文拟从语音象似性视角考察鸟名与鸟叫声之间的音义关联。

## 一　象似性研究概述

任意论学者认为语言符号的任意性主要是"概念"和"音响形象"关系是任意的，能指和所指的关系是不可论证的，没有自然的联系。

索绪尔（1980:101-102）认为：语言符号联结的不是事物和名称，而是概念和音响形象，语言符号是一种两面的心理实体，概念和音响形象的结合叫做符号，我们用所指和能指分别代替概念和音响形象，能指和所指的联系是任意的，所以，语言符号是任意的。

象似论学者对"任意性"的理解似乎与任意论学者有很大不同。其中代表性的是许国璋（1988），他对"约定俗成"与"任意性"作了区分：一是"任意性"不是一个科学术语，许多学者论文论著中对这个概念都有不同的补注，如：不可论证、约定俗成、非象似等。二是"约定俗成"与"任意性"属于两个层次，不是同义词。"'任意性'，就其严格含义讲，只能指一个人，说一个音，名一件物，或称一件事的条件下才能成立。"而"约定俗成"的"约"意味着一个群体的存在，意味着说话人和受话人的存在；所谓的"约"是受社会制约的东西，是社会共议的结果，决不是任意的创造。

任意性和象似性不是一个轴上的对立，而是两个不同的轴，并不矛盾。象似性内有多种不同的表征与程度，而对某些表征的选择或放弃，则是任意的，因个人因族群而异，并非必然，也并不一致。[1]王寅（1999）把象似性更简单的描述为："语言符号在音、形或结构上与其所指之间存在映照相似的现象。"张敏（1998:148）以Haiman的定义为基础，提出："当某一语言表达式在外形、长度、复杂性以及构成成分之间的各种相互关系上平行于这一表达式所编码的概念、经验或交际策略时"，这一语言表达式就具有象似的性质。具体到音义象似性，主要是指语音与语义的关联，即语音象征着相应的语义。这个语音包括语音的各个层面，包括音质音位层面的元音象似、辅音象似，也包括非音质音位层面的声调象似、音长象似、重音象似、节律象似等。音义象似主要表现为广义的语音音响度象似，语音响度的高低强弱关联着语义的积极消极、事物的大小、性质的差异等。鸟类名称用字的语音与鸟的叫声就存在着某种关联。

## 二　鸟类名称语音象似性的调查统计

我们的祖先常用一些人为拟声音节来描绘鸟类的叫声，如雀鸣唧唧、乌鸣哑哑、鹊鸣喳喳等。鸟类鸣叫季节性变化也备受先人的关注，如"仲春之月，仓庚鸣；季春之月，鸣鸠拂其羽；仲夏之月，鵙始鸣，反舌无声。" 鸟类因与人类生活息息相关而备受关注，加之鸟类物种演变的缓慢性与不同品种鸟类鸣声之间明晰的区分度，因此鸟类名称是一类观察语言符号音义象似关系较为理想的窗口。

---

[1] 感谢匿名审稿人的指正。

### 2.1 有关材料来源和选择说明

此次调查研究中，主要包括鸟类名称和鸟类鸣声两大类材料。

鸟类名称取材于由科学出版社出版，雷富民、邢晓莹等主编（2017：1-164）的《中国鸟类鸣声》一书中罗列的我国常见的 199 种鸟类的名称。根据鸟名中心词的不同分出 33 品类的鸟，同一中心词下优先选择分布具有广泛性和鸣声具有典型性的鸟。鸟类鸣声取材于专业音频软件"喜马拉雅"。但因为鸟类鸣声极其复杂多变，具有多种特异性的同时又在种内不同种群、不同个体间甚至个体内发生变化，加之许多鸟类具有效鸣模仿能力，因此很难完整地阐述每个鸟种的所有鸣声类型。因此在鸟鸣选择中，我们多方对比尽可能寻找最具典型性且最清晰的音频作为基础材料。

研究初期在材料的选择上，鉴于语音的演变性，我们尝试运用语音构拟系统对鸟类名称的古代读音进行复原。但是后续我们发现，语音和文字都在发生改变。有关鸟类名称历史演变查找起来非常不容易，我们退而求其次选用了绝大部分鸟类的现代名称、现代读音，该研究仍具有一定的价值。对于古今鸟名用字没有变化，但读音有较大变化，我们辅之于用王力（1999）构拟的上古音和中古音跟鸟鸣声对比。

### 2.2 三次音义象似性实验

#### 2.2.1 第一次调查

《中国鸟类鸣声》一书中罗列的我国常见的 199 种鸟类名称，除去部分以外形命名的鸟类，如翠鸟、卷尾，部分以生活习性命名的鸟类，如啄木鸟、蜂鸟，抽取其中心词共分出 33 大类鸟名，并将象似性程度由高到低分为非常像、比较像、一般像、不明显像和完全不像五个层级。实验要求被测试者依次聆听鸟叫音频，判断某一种鸟叫声与该鸟名的相似性程度，并在对应方框内填写相应的数字。在研究之初，鉴于布谷鸟等鸟名和鸟叫声之间存在明显的对应关系，我们预判鸟类名称与其鸣声之间存在对应的关系应该比较普遍。测试进行了 6 次，但实验结果与预期相去甚远。鸟名与鸣声存在明显对应关系的有第十组和第十三组两组，仅占 6.06%；比较像的有第一组和第四组，同样占 6.06%；一般像的有四组，占 12.12%；不明显像的有 18 组，占 54.55%，完全不像的有六组，占 18.18%。由此可知，除了少部分鸟类名称与鸣声之间具备显著的对应关系，绝大部分鸟类名称语音象似的程度不高。而且针对同一种鸟类，不同的人对象似度高低也有截然不同的判断。

我们认为造成这样结果的原因主要有三：第一，实验设计者对材料的熟悉程度远大于被测试者，在已有的心理预期中容易产生认知偏差；第二，缺乏对鸟类名称与其叫声的象似度的判断标准；第三，个体由于认知水平和环境因素的不同都可能导致不同的判断结果。为了进一步探索鸟名和叫声之间的关联，我们改进方法，进行了第二调查。

#### 2.2.2 第二次调查

为了使实验更具有信度和效度，我们广泛搜集资料，尽可能地补齐了部分鸟类的古代名称，并根据王力（1999）上古音构拟的音对鸟名的古代读音和现代读音进行对比。我们发现鸟名和叫声之间的关联存在程度的差异。部分鸟类名称与叫声之间存在显著的对应关系，部分鸟类名称与其鸣叫之间则存在一定的象似关系，如音色、音高和音长。由此我们重新设计了调查问卷，调查表如图 2-1 所示：

表 1 第二次调查设计一览表 [2]

| 顺 A/逆 B | 序号 | 鸟名 1 | 鸟名 2 |
|---|---|---|---|
| | 1 | 鸠 | 鹅 |
| | 2 | 鹬(多只鹬的叫声) | 鸸 |
| | 3 | 鹊鸰 | 俳鹇 |
| | 4 | 鸲 | 鸦 |
| | 5 | 布谷 | 鸲鸰 |
| | 6 | 鹂鹏 | 鶺鶒 |
| | 7 | 鹭 | 鹰 |
| | 8 | 鸭 | 隼 |
| | 9 | 鹠鸠 | 鸥 |
| | 10 | 鹗 | 鹏 |
| | 11 | 鹊 | 鹦 |
| | 12 | 鸡 | 鹤 |
| | 13 | 雉 | 鸢 |
| | 14 | 莺 | 鸦 |

下面对调查问卷进行简要的说明

首先，对鸟类名称的选择做了改进。改变了部分鸟类的名称。其一"雉"的古代名称是"雉"，对比发现"雉"比"雉"更具语音象似性，所以保留"雉"。其二，改八哥为鸲鸰。"八哥"名字所由其毛色黑亮，翼羽有白斑，飞时显露，呈"八"字形。据宋人顾文荐《负暄杂录》中《物以讳易条》说："南唐李主讳煜，改鸲鸰为'八哥'，亦曰'八八儿'。"鸲鸰之所以称为八哥，是因为"鸰"与"煜"同音而避李煜之讳的缘故，可见鸲鸰为八哥的古代名称。

其次，对部分鸟类名称做了标记。如鸡，中古音 kei；鹦，中古音 miu；雉，中古音 dei（参照王力（1999）构拟的中古音）。还特别标注"鹬"所呈现的音频中有多只鹬的叫声，以免混淆。

最后，对象似度高低进行初步判断，设计最小对比对来验证鸟类名称的语音象似性。比如高音"鸲"对于低音"鸦"。由于低沉的鸟叫声比较少，所以调查问卷中使用了两次"鸦"。调查规则如下：每一组依次播放两段鸟叫音频，根据鸟叫联想鸟名。如果你认为是顺向匹配则记为A（即第一段音频对应第一个鸟名，第二段音频对应第二个鸟名），反之逆向匹配则记为B。部分鸟名后的小括号里标注该鸟名的古音或其他附加信息。

---

[2] 匿名审稿专家指出：这种方法在被调查者完全不知道两种鸟的叫声时是有效的，但如果知道一种鸟的叫声，自然会做对应选择，恐怕就无效了。我们认可这种看法。正是可能存在这样的问题，我们改进了测试并进行了第三次调查。

第一组 "鸠"和"鹅"分别采用鹰鹃和家鹅的叫声。鹰鹃鸣声特点为重复几个音节组成的"短句"，每个短句由2-3个不同音节组成，而家鹅是单音节重复的粗犷叫声，频率低。

第二组"鹬"和"鸭"分别采用黑翅长脚鹬和白脸鸭叫声。黑翅长脚鹬叫声通常比较急促，谐波明显且丰富，最高频率可达10kHz。白脸鸭典型鸣声为一连串相同单音节重复组成，鸣声快速而有力，频率范围为2-3kHz。

第三组"鹡鸰"和"鹇鹛"分别采用白鹡鸰和斑头鹇鹛的叫声。白鹡鸰叫声尖锐清脆、急促，音调婉转多变。斑头鹇鹛叫声响亮，为单音节重复的急促叫声，频率较低，一般为2kHz以下。

第四组"鸲"和"鸦"分别采用鹊鸲和乌鸦的叫声。鹊鸲鸣声悦耳且复杂多变，音节类型组成和排列，以及音调均富于变化。乌鸦是单音节重复的嘶哑叫声，频率低。

第五组"布谷"和"鸲鹆"分别采用布谷鸟和野八哥的叫声。布谷鸟叫声明快响亮，两声一度，似"bu—gu"，叫声频率低，通常为2kHz以下，为单音节重复。

第六组"鹎鹛"和"鸫鹛"分别采用黑颈鹎鹛和鸫鹛的叫声。黑颈鹎鹛，叫声响亮而沙哑，两声一度。鸫鹛鸣声婉转动听，似金属般尖锐，音节结构及排列复杂多变，有颤音。

第七组"鹭"和"鹰"分别采用草鹭和苍鹰的叫声。草鹭叫声响亮而沙哑，有谐波，主频率分布在2—4kHz。鹰是单音节重复的尖锐叫声，频率低。

第八组"鸭"和"隼"分别采用红头潜鸭和红隼的叫声。红头潜鸭叫声嘶哑，主要为单音节重复，频率较低，主频率在2 kHz左右。红隼是单音节重复的鸣声，谐波丰富，主频率在4 kHz左右。

第九组"鹍鸠"和"鸥"分别采用四声杜鹃和黑尾鸥的叫声。四声杜鹃鸣声轻快洪亮，4个音节组成鸣声重复单元，每度相隔2—3秒，鸣声似"gue—gue—gue—gue"，频率较低，在4kHz以下，音节平缓，通常最后一个音节频率比前3个音节低。黑尾鸥鸣声较为简单，集群的飞行鸣叫为单音节的重复，谐波丰富，频率一般在8 kHz以下。

第十组"鸮"和"鹂"分别采用纵纹腹小鸮和黑鹂的叫声。纵纹腹小鸮为单音节重复叫声，似"声嘶力竭"的"嘶嘶"声，主频率一般集中在5kHz左右。黑鹂叫声较为悦耳，通常为纯音和哨音。

第十一组"鹊"和"鹨"分别采用喜鹊和草地鹨的叫声。喜鹊典型的叫声为2音节的重复，频率通常在4kHz以下，较为急促。草地鹨叫声尖细，频率范围为4—6kHz，由三个音节组成一个短句，快速连续发出。

第十二组"鸡"和"鹤"分别采用白腹颈鸡和白枕鹤的叫声。白腹颈鸡叫声单调，谐波明显，频率较低，为2kHz左右。白枕鹤叫声低沉高亢，谐波明显且丰富。

第十三组"雉"和"鸢"分贝采用环颈雉和黑翅鸢的叫声。环颈雉典型叫声为2音节组成，高亢洪亮。音节形态较平缓，频率较低，能量主要集中在1kHz附近。黑翅鸢叫声为单音节重复，有谐波，能量主要集中在基频。

第十四组"莺"和"鸦"分别采用暗绿柳莺和乌鸦的叫声。暗绿柳莺鸣声复杂，组成音节多变，转调丰富，频率多集中在2—8kHz。乌鸦是单音节重复的嘶哑叫声，频率低。第二次调查统计结果如下：

表 2 第二次调查统计结果一览表

| 序号 | 正确人数 | 错误人数 |
|------|----------|----------|
| 1. | 20 | 0 |
| 2. | 16 | 4 |
| 3. | 15 | 5 |
| 4. | 20 | 0 |
| 5. | 20 | 0 |
| 6. | 16 | 4 |
| 7. | 20 | 0 |
| 8. | 17 | 3 |
| 9. | 18 | 2 |
| 10. | 16 | 4 |
| 11. | 18 | 2 |
| 12. | 19 | 1 |
| 13. | 18 | 2 |
| 14. | 20 | 0 |

此次共有 20 名测试者参与实验。实验结果显示各组的准确率都大于等于 75%。第一次和第二次两次调查结果差别很大，主要原因是：一方面因为组别设计差异较明显，另一方面也可以说明鸟类名称确实存在语音象似，即具备语音象似性。一部分鸟类名称与其鸣声之间存在显著的对应关系，比如布谷。一部分鸟类名称在音高上存在象似性，鸣声尖脆的鸟名多采用高元音，如莺；反之鸣声低沉的鸟名多采用低元音，如鸦。一部分鸟类名称在音节长短上存在象似性，如鸤鸪。还有一部分鸟类名称和叫声之间的象似性不强。不过，高准确率引起了我们的警惕，我们反思鸟类名称在某一程度上确实存在象似性，但是我们在第二次调查中对组别的设置是否过于刻意？为了减少人为干预，我们在第二次调查的基础上又设计了一次调查。

### 2.2.3 第三次调查

调查表如图 2-3 所示：

表 3 第三次调查设计一览表

共时

一级

| ○ | ○ | ○ | ○ | ○ | ○ | ○ | ○ |
|---|---|---|---|---|---|---|---|
| 1 鹡鸰 | 2 鹬 | 3 鹧鸪 | 4 鸦 | 5 布谷 | 6 鹰 | 7 鸥 | 8 鸠 |

二级

| ○ | ○ | ○ | ○ |
|---|---|---|---|
| 1 鸺 | 2 鹂 | 3 鹅 | 4 鸭 |
| 提示：关注韵母 | 提示：关注音高 | 提示：关注韵母 | 提示：关注韵母 |
| [iŋ] | | e | |

| ○ | ○ |
|---|---|
| 5 鸮 | 6 鹤 |
| 提示：关注韵母 ao | 提示：关注韵母 e |

三级

| ○ | ○ |
|---|---|
| 1 鸮 | 2 鹤 |
| 提示 1：关注韵母 ao | 提示 1：关注韵母 e |
| 提示 2：关注音高 | 提示 2：关注音高 |

历时

| ○ | ○ | ○ | ○ |
|---|---|---|---|
| ○ | ○ | ○ | ○ |
| 鸲 | 鹦 | 鸡 | 鹳 |
| 提示 1：中古音 gǐu | 提示 1：中古音 mǐɛu | 提示 1：中古音 :kiei | 提示 1：中古音 ḍɔk |
| 提示 2：上古音 gǐw | 提示 2：上古音 jəgw[3] | 提示 2：上古音 kie | 提示 2：上古音 ḍek[4] |

　　在此次实验中，我们事先找了三名调查者对第二次调查中的鸟名做了一一分辨，再结合数据和基础判断，剔除了部分象似性不明显的例子。将部分剩余的例子按照象似性程度的高低从共时角度分为一级、二级和三级。一级即鸟名与其鸣叫之间存在显著的对应关系；二级

[3] 此表拟构的中古音、上古音没有特别说明，采用的是王力（1999），"鹦"的上古音在王力（1999）没有查到，采用了李方桂（1980）。

[4] "鹳"的上古音在李方桂（1980）、王力（1999）都没有找到，此处提示的是"鹳"声符"雚"的上古拟音。

即鸟名与其鸣叫之间存在一定程度的关联，象似性偏低，在测试的时候，给予被测试者一个提示；三级鸟名与其鸣叫之间关联度弱，即象似性低，在测试的时候，需要依次给予被测试者两个提示。一级、二级象似的只做一次测试，三级象似的先提供提示 1，然后测试，接着给出提示 2 进行测试，对比两者的差异。三级象似的分为两组：一组是提示鸟名用字的语音特征和鸟叫声的特征，另外一组主要提示鸟名用字中古音和上古音。此次测试共有 16 位被测试者，统计结果如下：

表 4 一级统计结果一览表

| | 1 | 2 | 3 | 4 | 5 | 6 | 7 | 8 | 总数 | 准确率 |
|---|---|---|---|---|---|---|---|---|---|---|
| 一级准确数 | 16 | 16 | 5 | 15 | 6 | 4 | 8 | 6 | 76 | 59.375% |

一级象似度的准确度为 59.375%，比预期的低。我们推测是因为被测试者初次接触比较陌生，但总体来看还是可以证实鸟类名称的确存在象似性。

表 5 二级统计结果一览表

| | 1 | 2 | 3 | 4 | 总数 | 准确率 |
|---|---|---|---|---|---|---|
| 二级准确数 | 12 | 12 | 14 | 14 | 52 | 81.25% |

在一个提示下，二级准确率达到 81.25%。远超一级象似度的准确性，由此可见，一级、二级象似度的鸟名差异没有那么大，关键在于能否把鸟名和叫声关联起来，提示之后，强化了这种联想。

表 6 三级统计结果一览表

| | 次数 | 1 | 2 | 总数 | 准确率 |
|---|---|---|---|---|---|
| 三级准确数 | 第一次 | 6 | 6 | 12 | 37.5% |
| | 第二次 | 14 | 14 | 28 | 87.5% |

从一个提示到两个提示，三级的准确率从 37.5%提高到 87.5%，说明三级的语音象似度不高，第二次提示后准确率明显提高，说明提示越多，越容易产生关联式的联想。

表 7 历时统计结果一览表

| | 判断标准 | 次数 | 1 | 2 | 3 | 4 |
|---|---|---|---|---|---|---|
| 历时 | 相似 | 第一次 | 14 | 0 | 12 | 8 |
| | | 第二次 | 14 | 8 | 6 | -- |
| | 波动 | | 0 | +8 | -6 | +6 |

"鸻"第一次测试和第二次测试都有两人认为象似度不高。"鹦"给出第二次提示后，鸟名和叫声的关联度明显提高。对于"鸡"的例外，我们认为是因为鸡和人类日常生活很密切，人们普遍认可其叫声和名称的关联。

## 三  鸟类名称语音象似性三大原则

三次实验基本证明鸟名和鸟鸣叫声之间具有一定程度的关联。具体分析发现，鸟名用字的元音、辅音等构成的音色面貌象征着鸟鸣叫声的某些凸显特征。很多鸟名的命名是基于这类鸟鸣叫声的拟声，史有为（1994）就曾提出过"鸭、鸡、牛、蛙"这样的动物名称来源于拟声。除了音色等音质音位影响鸟名的命名外，一些非音质音位也对鸟名的命名有影响，比如音长，音高。但总的来说，音色是主要的，音高、音长是依托于音色的[5]。

### 3.1  音色象似

音色象似主要是指鸟名用字的声母、韵母象似鸟的叫声。鹁鹧[$p^hi^{55}$ $ti^{55}$]、鹰[$iŋ^{55}$]、鹬[$y^{51}$]、鸥[$ou^{55}$]、布谷[$pu^{51}ku^{55}$]、鹡鸰[$tɕi^{35}liŋ^{35}$]、鸪鸺[$tɕy^{35}y^{51}$]、鹊[$tɕʰyɛ^{51}$]等鸟的名称及其叫声之间存在显著的对应关系。鹁鹧、布谷、鹡鸰、鸪鸺的叫声很长，对应的鸟名都用了两个音节。这种鸟的鸟名和叫声不仅音色相似，而且音长也具有明显的对应性，音质音位的音色和非音质音位的音长都具有高度象似性，因而这几个鸟名语音象似性很高。"鹦"的中古音为[$mi\breve{u}ɐu$]，上古音为[$jəgw$]，其中上古音与叫声关联度大。"鹬"的中古音为[$dʑɔk$]，叫声与中古读音关联度大。鸢[$yan^{55}$]字介音[$y$]的语音特征和它的叫声具有明显的对应。

### 3.2  音高象似

音高象似主要体现高低元音象似和声调象似。叫声高亢的鸟的名称用字的韵腹为高元音，叫声低沉的鸟的名称用字的韵腹为低元音，这类象似我们称之为高低元音象似。例如：鹅的叫声低沉，"鹅[$ɤ^{35}$]"字韵腹为后元音[$ɤ$]。鹬的叫声高亢，"鹬[$y^{51}$]"字的韵腹为前高[$y$]。鸦的叫声低沉，"鸦[$ia^{55}$]"字的韵母为前低元音[$a$]。鸪的叫声高亢，"鸪[$tɕy^{35}$]"字的韵腹为高元音[$y$]。莺的叫声高亢，"莺[$iŋ^{55}$]"字韵腹为高元音[$i$]。鹧的叫声高亢，"鹧[$li^{35}$]"字的韵腹是高元音[$i$]。鹰的叫声高亢，"鹰[$iŋ^{55}$]"字韵母为高元音。高低元音象似其实可以看作音色象似，是音色描摹的表现。

声调象似也是一种音高象似，不宜看作音色象似的变种。鸟叫声高而平的，鸟名用字的声调为阴平，鸟叫声高平带有上升，鸟名用字为阳平，鸟叫声短促的，鸟名用字为去声，这种就是声调的音高象似。斑鸠的叫声轻缓，高音收尾，"鸠[$tɕiou^{35}$]"字的声调为阳平。乌鸦

---

5 匿名审稿专家指出，音色象似是主要的，音高、音长需要进一步论证。十分感谢审稿专家指出这一点，笔者表示认同。

的叫声高平、不急促，"鸦[ia$^{55}$]"字的声调为阴平。鸤的叫声高平、轻缓，"鸤[si$^{55}$]"的声调为阴平。鹬的叫声急促，"鹬[y$^{51}$]"字的声调为短促的去声。

声调象似也只是一种倾向，有一些从现在语音看是反例，比如鸭子的叫声短促低沉，"鸭[ia$^{55}$]"的声调却用了阴平。但中古时期，"鸭"的声母是鼻韵母，"鸭"字的韵腹是低元音[a]，中古声调是短促的入声，这样看来，"鸭"具有显著的语音相似性。

### 3.3 音长象似

鹧鸪、布谷、鹡鸰、鸲鸪的叫声很长，且前后两部分音色不同，对应的鸟名都用了两个音节，这是典型的语音象似性的表现。

诚如审稿专家所说，音色、音高和音长三种象似，音色象似是主要的，音高、音长象似也可以从音色象似解读，或者就不要区分三者，三者都可以看作音节象似。"声母、韵母、声调三部分都是作为区别意义的要素加入音节结构之中"，其中"声调恰是音节中最有意义的部分"（史有为，1992）。在鸟名音义象似中，鸟名用字的声调也有非常强的表意作用。我们关注到，鸟名用字很少用上声，这是因为鸟的叫声如果曲折，多用两个音节命名了，因而很少用上声。总之，鸟名整个音节的语音面貌和它的叫声象似，音色、声调和音节长度都象似的鸟名语音象似程度高。

### 3.4 例外解释

在调查中，也有部分例外情况的存在。部分鸟类名称语音象似性弱，如鸥、鸬、鷃鹧、鸭、鸡等。

不过，部分鸟类名称看似不存在语音象似性，但其实是理据随时间的流逝，变得难以察觉。如，伯劳。常见于我国的红尾伯劳，叫声急促，单音节重复，有谐波，鸣声与"伯劳"象似性程度极低。后期经过广泛调查，我们发现它可能是个 2500 年前的外来词。"伯劳"，又名"鵙""伯奇""伯赵"，有些地方叫"虎不拉"（虎纹伯劳，Tiger Shrike）。英文名 Brown Shirk 或 Butcher Bird（屠夫鸟），拉丁名 Laniidae。它们的英文在发音上具有一致性：Brown-伯劳，Butcher-伯奇/伯赵，Shrike -鵙。"伯劳"，在三国曹植时代（公元前 200 年左右）就已出现；根据 *WEBSTER*（网络电子词典），Brown 源于古英语（公元 450-1100 年）Brun，意为褐色，描述该鸟"褐背白肚"；"伯奇"，亦见于曹植《令禽恶鸟论》，"伯赵"更早，见于《左传-昭公十七年》（公元前 722-前 464 年）。Butcher（屠夫）源于中世纪英语 Boc，Boc 源于公元前的凯尔特语，意为雄鹿、公羊、公兔，描述该鸟凶猛残暴。查 WEBSTER 在线词典发现，Shrike 唯一的意思就是"伯劳鸟"，源于古英语 scric（画眉）和中世纪英语 shriken（尖叫），可见英语里面它同样是一种叫声。而伯劳更早的拉丁名 Laniidae 跟它们发音完全不同。由此可见，作为外来词的"伯劳、伯奇、伯赵"音义关联弱，但其原英语名称的音义象似还是很明显的。

# 四 结 语

根据以上三次鸟类名称语音象似性的统计表明，部分鸟类名称与其鸣声之间存在某种程度的对应关系，但大部分鸟类名称在音高、音长、音色等某方面存在象似性，三方面都具有象似性的鸟名象似程度高。鸟类作为一种历史悠久的物种，一直以来与我们的生活密切相关，而且它们的鸣叫声独具特色，利用它们独特的声音特征进行命名是最方便有效的手段。研究表明，鸟名用字的语音和鸟的叫声之间存在一定的关联，有的关联度高，有的需要借助提示，这说明在现代汉语中鸟名用字的语音和叫声之间既具有象似性的一面，也具有任意性的一面。首先，汉字的读音在不断演变；其次，当时命名的时候，利用叫声命名虽然是重要的手段，但不是唯一的手段，也可以通过外形命名。随着汉语的词汇从单音节过渡到双音节化，很多双音节鸟名的修饰语都跟鸟的外形，尤其是颜色有关，比如：麻雀、翠鸟等。通过鸟名的象似性的探讨发现，鸟名命名是有一定理据的，不少鸟名的命名与它们的鸣叫声密切相关，但研究发现，鸟名音义之间的象似度没有设想的那么高。由此可见，象似性只是语词理据中的较为突出的一种，但并非所有的语词都来自于象似性。

**参考文献**

高再兰、郭锐，2015. 形容词及其复杂式的音节组配与词义褒贬的对应，《语言学论丛》第 2 期。

雷富民、邢晓莹等，2017.《中国鸟类名称》，北京：科学出版社。

李方桂，1980.《上古音研究》，北京：商务印书馆。

刘丹青、陈玉洁，2008. 汉语指示词语音象似性的跨方言考察(上)，《当代语言学》第 4 期。

刘丹青、陈玉洁，2009. 汉语指示词语音象似性的跨方言考察(下)，《当代语言学》第 1 期。

史有为，1992. 汉语文化语音学虚实谈，《世界汉语教学》第 4 期。

史有为，1994. 续《汉语文化语音学虚实谈》，《世界汉语教学》第 2 期。

史有为，1995. 再续《汉语文化语音学虚实谈》，《世界汉语教学》第 4 期。

索绪尔（高名凯译），1980.《普通语言学教程》，北京：商务印书馆。

王 力，1999.《汉字古今音表（修订本）》，北京：中华书局。

王 寅，1999. 论语言符号的象似性，《外语与外语教学》第 5 期。

许国璋，1988. 语言符号的任意性问题——语言哲学探索之一，《外语教学与研究》第 3 期。

严艳群、刘丹青，2013. 民族语人称代词的语音象似性，《云南师范大学学报(哲学社会科学版)》第 4 期。

应学凤，2009. 现代汉语单音节反义词音义象似性考察，《语言教学与研究》第 3 期。

应学凤，2010. 指示代词语音象似性的跨语言考察，《汉语学报》第 3 期。

应学凤，2012. 现代汉语拟声词的后重格局，《汉语学报》第 3 期。

应学凤，2013. 原型理论视野下任意性与象似性关系的再认识，《浙江外国语学院学报》第 5 期。

应学凤、张丽萍，2008. 指示代词的语音象似性评述，《汉语学习》第 3 期。

张　敏，1998.《认知语言学与汉语名词短语》，北京：中国社会科学出版社。

朱晓农，2004. 亲密与高调——对小称调、女国音、美眉等语言现象的生物学解释，《当代语言学》第 3 期。

（应学凤、李钰　yingxf@163.com）

# A Data-Based Analysis of Phonetic Iconicity of the Names of Birds

YING Xuefeng,　LI Yu

**Abstract** Based on the study of the relation between the names of birds and the sounds they make, we have found that there is a certain correspondence between the two. The semantic and phonetic correlation of the names of birds and the sounds they make can be ranked into 3 levels. There are 3 types of phonetic iconicity: the iconicity of the tone, the pitch and the length, among which, the iconicity of the tone is the most obvious. According to the study, the naming of birds is closely related to the sounds they make. However, the semantic and phonetic iconicity of the names is not as high as expected to be.

**Keywords** the names of birds;　phonetic iconicity;　iconicity of the tone;　statistic analysis;　auditory discrimination test

# 国际汉语教育中语法教学的规律、原则和方法

## —— 以美国大学汉语教学为例 [1]

### 梁 霞

美国 华盛顿大学（圣路易斯）

**提要：** 本文首先简要回顾了近几十年来语法教学在世界外语教学中的发展历程，继而提出了国际汉语教育当中语法教学的七条原则。其后探讨了大学课堂语法教学的具体内容、步骤与方法，最后指出：只有掌握了相应的语法结构才能提高学习者的语言技能并完成交际任务。语法教学中应坚持结构形式、结构意义和使用条件的合一，三者缺一不可。显性的语法教学比隐性的语言习得对学习汉语的成年学生来说更容易取得明显的教学效果。虽然语法教学十分重要，但在实践中应力求作到精讲多练，并坚持语法教学为提高语言技能和交际能力服务的原则。

**关键词：** 国际汉语教育　语法教学　规律　原则　方法

## 一、引 言

在把汉语作为外语的教学活动中,语法教学多处于核心地位，这一点从已发表的学术论文和著作的数量、课堂教学时间的分配、国际汉语教育专业研究生课程的设置、教材内容的编排、作业以及考试内容中的占比等方面都有体现。这与语法是组织词汇的手段和影响语音轻重、节律的重要因素密切相关；还与语法作为知识体系具有较强的结构性和规律性，相对容易抽象概括出具有普遍意义的规则和公式，同时具有语音和词汇所不具备的解释性、类推性和再生性密切相关。因此语法教学在国际汉语教育中具有十分重要的意义以及较高的效率是不言而喻的。

然而，自 70 年代交际教学法产生，研究者们提出第二语言的习得与第一语言的习得过程相同，因此第二语言的语法也可以无意识地自然习得（Dulay &Burt, 1974）以来，特别是80 年代 Krashen(1981)提出监控模式理论之后，语法教学的作用一度受到挑战。Krashen 认为有意识地学习语言有别于无意识地习得语言，有意识学到的语言内容不能转化为无意识的语

---

[1] 本文是笔者在 2020 年出版的《美国大学汉语教育研究》（北京语言大学出版社）之第五章"美国大学汉语教学中的语言要素教学"中第三节"汉语国际教育中语法教学的原则、内容和方法"（p127-137）的基础上重新论述而成的。

言能力，因此语言应通过自然地接触语料来习得，而不应通过正式的学习获得。上述观点得到了不少专家学者的支持，例如 Skehan (1998) 和 Dekeyser (1998) 都认为偏重介绍语法规则的语法教学只能使学生获得陈述性的知识，却不能培养其正确使用语法形式的过程性能力，因二者储存于大脑的不同部分，发挥着不同的作用，所以二者之间不能自动转换也不能相互作用。

普遍语法理论也进一步证明了正规语法学习并非必要，因人类大脑中的语法机制是与生俱来的，接触了第一语言的语料之后，人们就被普遍语法原理赋予了"第一语言的参数值，就生成了第一语言的语法。同样，接触了第二语言的语料，人就自然生成了第二语言的系列参数值。因此，第二语言的习得是普遍语法与第二语言输入相互作用的结果。"（陈莉萍、戴炜栋，2005：92）

针对上述理论在学界的盛行以及语法教学在外语教学实践中的被削弱，不少学者从理论和教学实践两方面提出质疑，并论证了语法教学的必要性。例如认为"注意"是语言学习活动中的一个必不可少的条件（Schmidt, 1990, 2001），有意识地学习与无意识地习得并不是相互矛盾的，而是相互促进、相互影响的，通过学习获得的知识是可以自然地转化成习得知识的，况且学习与习得的界限并非泾渭分明，在目的语环境中不仅有习得过程，也有学习过程 (Ellis, 1994)。其次，学者们发现虽然语法习得的顺序不能改变，但是显性语法教学(explicit instruction)却可以加速某些结构的掌握过程(Pienemann, 1984)。第三，交际法教学强调培养学生创造性地使用语言进行有效、得体的交际的能力，但对语法形式、语法输出却重视不足；在强调大胆使用目标语、注重流利性的同时，在一定程度上降低了对语言准确度的要求。因此在实践中取得的教学效果并不理想(Swain, 1985)。第四，之前数十年的课堂教学实践证明课堂语法教学对第二语言的习得产生了很大的影响，虽然课堂教学不能改变二语习得的顺序，但却能够加强习得并提高学生的二语水平（Larsen-Freeman & Long, 1991）。第五，无论是对习得还是对学习，语法指导都是有效的（Norris & Ortega, 2000），它一直占据外语教学的核心地位，以后仍然如此(Ellis, 2006)。在经过上述理论交锋和实践检验之后，近二十年来，语法教学的重要性又再次得到了肯定并在国际外语教学实践中得以体现。

密西根大学知名外语教学专家 Diane Larsen-Freeman 指出，在语言教学领域没有一个术语像语法这样模糊不清。它可以指心理语法(mental grammar),规定性语法(prescriptive grammar),描述性语法(descriptive grammar)，理论语法(linguistic grammar),参考语法(reference grammar),教学语法(pedagogical grammar)以及教师语法(teacher's grammar)。她定义说"语法是一个由有意义的结构与句型组成，并受具体语用条件制约的系统。"（Diane Larsen-Freeman，2009：521-522）本文所谈的"语法"的范畴是比较宽泛的，涉及了汉语教学中的语素、词、词组、句型、句群和语篇；本文所论及的语法概念主要指的是教学语法。

## 二、外语教学中语法教学的若干基本规律

Larsen-Freeman 不但讨论了语法的范畴与概念，而且还提出了语法教学的一般规律。她认为，首先，虽然语言学家认为语言是同样复杂的，但对不同母语的人学习某一特定的外语来说，这种复杂的表现形式是不同的。例如俄语教师在教授以英语为母语的人时，需要花很

多时间讲授难解的词法和复杂的口语。美国国防语言学院把俄语视为对英语母语者来说挑战级别很高的第三类语言；而根据同一标准，汉语与日语、阿拉伯语则被划为对美国人来说最难学的第四类语言，要基本掌握第四类语言所花课堂教学间比第一类的法语、西班牙语和意大利语多三倍；比俄语、希伯来语等多一倍（温晓虹，2012：330）。

其次，有一个隐性的假设，即在某种程度上，语法复杂性所带来的学习挑战会根据学习者起点的不同而有区别。比如在其他方面难度相当的情况下，说葡萄牙语的人在学习西班牙语语法时，会比其他以非罗马语系语言为母语的人要容易。笔者认为这在汉语教学中也有体现，如对日本学生、韩国学生而言，量词是个容易理解的概念，掌握起来也并不那么困难；但对于美国学生来说却并非如此。由于英语里很少使用量词，所以逐个记住汉语量词的用法对美国学生来说是个不小的挑战。

第三，由于学习是建立在已有知识的基础之上的，对某种语言的已有知识会影响另一种语言语法的习得。例如在汉语教学中，笔者发现美国学生对英语副词的使用习惯很容易造成其汉语学习中副词位置的错误，这种影响是根深蒂固的，需要在教学中不断提醒和纠正，才能避免使用错误。

另外世界不同地区语法教学的方法是有差异的，不但对不同母语的人来说语法的复杂性含义不同，而且各国、各地区的教学传统也不相同。据调查，在哥伦比亚，教师与学生都对显性语法教学和改错的效果抱有比美国师生更强的信念（Diane Larsen-Freeman，2009:522-523）。

具体到汉语语法教学的任务、意义和发展历程，刘珣教授做出了精当的概括："语法教学是对目的语的词组、句子以及话语的组织规律的教学，用以指导言语技能训练并培养正确运用目的语进行交际的能力。不掌握目的语遣词造句的规则，就难以正确理解和表达。（在现代外语教学当中）语法教学一直处于第二语言教学的中心地位。从最早的语法翻译法到听说法、认知法，都十分重视语法规则的教学。但具体做法不同。语法翻译法以语法教学为中心，语法是语言教学的主要内容，强调记忆语法规则；听说法用句型操练代替语法教学，强调用机械的刺激-反应-强化养成习惯；认知法则重视对语法规则的理解和运用。其共同的缺点是过多地依赖语言的结构形式，脱离了所表达的社会文化内容（语义）和社会交际原则（语用），局限于句本位而忽视了话语的教学。其结果不仅不利于对语言的运用，而且对语法规则的描述也是不完整的。另一方面，随着功能意念研究的开展、交际教学法的兴起，在强调应用的同时又放松了对语言结构准确性的要求，一度忽视了语法规则，把语法教学和交际应用对立起来。以克拉申的学习与习得理论为基础的自然法，几乎完全否定了语法教学的必要性。经过多年反复探索与争论，目前大多数教师和学者还是认为（学习者的）语法能力是语言交际能力的重要组成部分。"（刘珣，2014：365）

可见，国际汉语教育中语法教学的地位与重要性的变化与最近几十年国际二语教学中语法的受重视程度的变化过程具有一定的一致性，所不同的是二者在时间上不是完全同步，国际汉语教育中语法教学相对弱化这一问题的出现在时间上延后了一些。

特别需要指出的是绝大多数同属罗马语系的语言，语法上的相似性比较高，以英语为母语的人觉得学习西班牙语语法并不需要花费大量时间精力；以西班牙语为母语的人认为葡萄牙语语法学起来并不吃力。很多国际上通行的二语习得理论是建立在罗马语系各语言之间的，对我们汉语教学的指导意义应具体分析。笔者认为对跨越不同语系的二语学习者来说，语法形式的作用远大于在同语系内学习的二语习得者。因此即便是对以西班牙语为母语的人的英语教学不需花大量时间进行语法教学，在课堂上可多做各种交际活动，并取得了成功的经验，也不意味着教授以英语为母语的人汉语时不应彰显语法结构教学的重要性。这是由语言之间的差异性决定的。

国际汉语教育中的语法教学简单来说有两种最基本的形式，一种是专门的语法课，通过理论讲解与相关实例向学生全面系统地介绍汉语的语法规则与特点，从而提高学生的语言能力和语法知识水平，并为从事相关教学与专业研究打下基础。这样的课一般是为汉语本科学历生、汉语与国际汉语教育方向的研究生以及进修教师开设的。另一种是通过对课文中出现的结构和句型进行解释、举例与概括，配合大量的操练，使学生能够在相关语境中产出正确、有意义而且恰当的句子、句段以及语篇，从而实现交际的目的。这是一般二语教学对普通学生常采用的教学形式。美国大学汉语教学普遍采用的基本上是第二种形式，这种形式是本文聚焦的重点。

## 三、国际汉语教育中语法教学的基本原则

虽然国际汉语教育中语法教学的特点因学习者母语的差异、学习者学习外语经验的差异以及学习地点的差异等而有所区别，但就总体而言，对大学生的语法教学也有些共同的规律。

首先，教学中应有意识地突出汉语特有的结构与句型特点，比如"把"字句的语义与语用要求，牵扯到补语的用法，"了"、"着"、"过"的用法，副词的位置，量词的用法，方位词的用法，离合词的使用等，这些都是在英语中找不到对应结构或者与英语语法差异很大的内容，不但掌握起来相对困难，使用中错误也比较多。语法教学应在这些难点上多下功夫，而不应平均分配时间。

其次，教师对汉语本体知识包括语法知识掌握得越详尽、越深入越好；但在课堂教学中要努力把这些知识渗透到举例和操练的设计当中，最好不作长篇大论的讲解。像朱德熙的《语法讲义》，刘月华等的《实用现代汉语语法》等专业著作，《"把字结构"的语义及其语用分析》（张旺熹，1991），《句型研究与对外汉语教学——兼析"才"字》（赵淑华，1992）以及《关于对外汉语教学中的补语系统》（吕文华，1995）等较重要的汉语语法与教学方面的研究论文，都是老师们应该认真学习的。但在普通二语教学中却不宜按照个人兴趣在课堂上大讲语法，或者直接展示自己的相关研究成果，因为这不是研究生的专题讨论课，学生语言水平也尚未达到全面领会的程度，而且即便了解了意思也很难应用到交际活动中。能在语法教学中有意识地做到知而不言或者知而少言，是汉语教师成熟、有经验的标志。教学中不应追求把一个较复杂的语法点在一堂课上全部讲深讲透，应根据课文中出现的用法就事论事。比如语法点"了"，在《中文听说读写》第一册第 5 课第一次出现，语法解释、说明、练习部分只围绕"了"在课文中"表示事情的发生或动作的完成"这部分进行，学生能把课文中出现的"了"的这种用法掌握了，就算达到教学目的了。"了"作为语法点第二次出现是同书第 8 课，其用法是在罗列一系列已经实现的动作或者事件时，"了"只需出现在

这个系列的最后一个动词上，而不是出现在每个动词后面。"了"第三次出现在第一册第11课，用于句末，表示状态的变化或者意识到了新情况的发生。教材的这种安排既充分体现了教学语法的特点，也考虑到了学生的接受能力，是一种比较切合实际的安排。教师在教学中依此设计进行即可，最好不借题发挥，尝试把自己了解的"了"的全部语法功能都在第一次出现时就跟学生全讲一遍。教师跳出本课语法条目的内容借题发挥，一是可能会带来学生的困惑和应用上的困难；二是教师免不了大量使用学生母语而非目标语进行说明，从而减少了学生目标语的输入时间。

第三，在教学实践中有时很难截然划分语法教学与词汇教学的界限，有些内容作为词汇教学或者语法教学皆可。教师需根据教学对象的情况、课程的总体安排、当天教学内容与难点的多少、对学生出错可能性的预估等来确定。例如美国大学使用最广泛的初中级教材《中文听说读写》第一册第18课出现的被动句，很明显应作为语法来处理，这是毫无争议的；但第4课出现的动词"想"在教材中被列为了语法条目，笔者认为当作词语教学亦无不可。

第四，初级、中级和高级阶段各有语法教学的任务。初中级的任务是帮助学生掌握最基础的汉语语法，使学生能够运用句子和句群进行交际活动；高级阶段需要细化和深化初中级阶段所学语法，对初中级所学语法进行一定程度的概括、总结和升华，使学生能够运用语段和语篇进行交际活动。具体来说"初级阶段，也就是所谓基础汉语教学阶段，所讲语法为形式语法，讲究句法结构，掌握汉语的句型、词序，是一种语法模式教学。中级阶段（二年级上学期）所讲语法侧重语义语法，注意句中成分的语义关系及语义搭配，因此词汇的意义（包括词汇意义和语法意义）及使用的教学，占据相当的位置。高年级阶段（二年级下学期）所讲语法侧重语用功能语法，着重语用的选择和词语的应用，目的在于表达得体。"（赵金铭，1996：75）美国大学的汉语课教学时数远低于国内，因此上述语法教学任务在海外汉语教学中一般需要延后完成，比如上面所谈的国内二年级下学期完成的语法教学任务，在美国可能要到三四年级才能完成。

第五，具体语法项目的选择应体现实用性特点，具体表现为：句型应具有常用性，应是使用比例较高、使用范围较广、当代社会生活中常用的句型；同时还应具有规范性、典型性、概括性和稳定性，另外也是学生掌握起来相对比较困难、使用中比较容易用错的。不应选择地方色彩太浓厚、说话人的个性色彩太强烈的，因教学时间有限，只能选择教学效率较高的更具一般性的句型来学。（卢福波，2005）笔者认为对初中级的学生来说尤其不宜选择口语色彩太浓的，比如地域色彩较浓的动词重叠形式"瞅瞅"，或者书面色彩较浓的"倘若"和"大抵"等都不大适宜作语法点进行操练，因为不是使用比例较高、适用范围较广的当代生活用语；而"看看"、"假如"和"大致"就比较合适，因为是比较一般的、更具普遍性的表达方式。

第六，在语法点的解释和说明上应尽量使用目的语，在低中年级教学中解释学生母语中无对应关系的语法结构，比如给一年级的美国学生解释"把字句"的用法（《中文听说读写》一册第15课语法点），使用学生母语是相对简单的办法。老师应尽量让学生课前预习书上的语法说明，同时把很难用目的语解释清楚的地方用英语打在投影片上以引起学生注意，从而尽量减少老师说英语的时间。用极简明的语言解释之后，老师需要举例说明语法点的形式特点，所表达的语义以及使用的条件和场合，"完整的语法教学绝不仅限于语言的结构形式及其规则的教学，语法教学的内容还应包括语言形式的表义功能、语言形式运用的条件和限制、乃至语言形式使用方面的文化规约。"（李泉，2003）上述内容完成之后，教师需对例句进行归纳和重复说明，以呼应和强化最初的解释，最后进入练习阶段。

第七，语法教学在语言技能培养方面应坚持口头形式与书面形式相结合，因有的学生认为口头练习效果明显，有人认为书面练习效果亦佳；在语言各要素之间应有意识地将语法教学与发音和词汇教学紧密结合，在语法练习中注意有意识地重复学过的生词并改正发音的错误；同时注意到所有这些都是为了满足交际任务服务的，学习语法本身并不是最终的目的。

综上所述，国际汉语教学中的语法教学应秉持从教学实际出发而不是从理论出发的原则，注意将语法教学与词汇教学紧密结合；注意加强汉语特有语法结构的教学，不要平均分配语法点的教学时间；教师对语法知识的掌握越全面、越深入越好，但在课堂教学中能深入浅出地讲解与本课相关的内容并使学生学会使用，这是教师专业水平的最好体现；语法教学要注重口头与书面练习的结合；语法教学内容在初、中、高级阶段分别有所侧重；在初中级阶段首先选择规范性、典型性、稳定性比较强的语法点教给学生；注意把语法教学与学生的目标语输入紧密结合，能使用目标语的时候尽量使用目标语，当然在初中级阶段也不排除使用母语解释语法，以实现提高教学效率和准确交流的目的。

## 四、课堂语法教学的具体步骤与方法——以美国大学汉语教学为例

语法教学的指导原则确定之后，教师应认真思考在具体的教学环节中应采取哪些教学步骤和方法，这些具体的步骤和方法往往比笼统的理论和概括性较强的教学原则对课堂语法教学的成败发挥着更为重要的作用。

首先，教师需确定课堂教学应选择哪些语法点，哪些是语法点中的重点。美国大学的汉语教学在一定程度上是以课本为基本导向的，因其是教学目标、教学内容、教学重点与教学方法等的集中体现。经典教材的编者通常都对汉语本体知识、学生母语及母国文化、教学方法、词频和语法大纲等有比较深入的了解，一般在设计中都考虑到了哪个学习阶段应出现哪些与学生水平相一致的语法点，哪些语法点是学生普遍感觉比较难学或者容易出错的，而不是编者随机安排的。因此教材所列语法点是确定课堂语法教学内容的最重要依据。但有经验的教师往往不局限于课本的语法设计，因为教学对象存在明显的水平差异：比如同是三年级的学生，有的学校学生水平普遍高些，学习进度快些，多数学生参加过海外项目的学习；有些学校学生总体水平低些，教学进度慢些，多数学生没参加过海外项目的学习。另外各校的教学时数不同，比如某些大学二年级每周 5 课时大课，外加小课和一对一；有些学校二年级每周仅 3 课时，没有小课和一对一。因此即便采用了相同的教材，课上能够教授的语法点数量和练习时间仍会有所不同，教师还需根据学生水平做出适当的调整。

就总体而言，多数初中级教材，例如《中文听说读写》一、二册在编写过程中虽不是"语法开路"，而是"课文开路"，写课文从最基本的人际交流方式入手，但还是自然带出了最基本的语法结构。像动词"是"，副词"不"，"也"，人称代词"我你他"这些，都是在最早的一两课就出现的。后面的课文内容交流层次逐步提高，语法点的"基本性"也就

逐次降低了。到了二年级结束，汉语的重要语法点就差不多都已涵盖并开始向词语表达方面转移了。高年级教材则与此不同，如美国使用较广泛的普林斯顿系列，主要是话题导向的，因此较难兼顾语法点和重点词语的相应安排，往往比低中年级的教材语法的随意性更强，系统性与科学性偏弱，语法在出现顺序上是跟着话题走的，而没有主要考虑其难易程度，也比较难照顾到语法点分布的均衡和全面。老师要根据上述情况做出相应的调整，适当地增加或者减少课堂教学中语法点的数量。教学中语法点的选择标准是相对的，是在与本课其他语法点和重要词汇的比较中产生的，一般没有什么绝对的标准。

其次，老师根据确定的语法点备课时，首先需认真阅读教科书上的语法条目说明（一般低中年级的是用英语或者学生的母语写的），确定本课每个语法点应讲到什么程度，以免出现老师在课上的说明与课本不一致的情况。教材上的语法条目说明可以为缺乏经验、刚刚入行的教师提供最初步的本体知识培训。然后老师需要考虑如何用一两句浅显易懂的汉语清楚无误地向学生做出解释并准备例句。如果语法点本身比较难，例句应使用尽可能简单的词语表达浅显的语义，千万不要再创造任何其他难点干扰学生对语法的理解。如果语法点本身相对容易理解和掌握，教师可在例句中有意识地编入本课生词或者之前学过的词语，以达到在学习语法的同时重复练习词汇，使例句符合学生语言能力的目的。对高年级学生来说，如果例句所用词语都是低年级的，就会给人不像高年级的句子的感觉，从而降低了教学的效率。笔者不太赞成直接使用本体语料库例句的方法，因为语料库中的句子虽可能是比较典型的、多样化的、来自母语者的自然语言；但里面的句子一般没有照顾到学生前课学过哪些词语和语法点，达不到有意识地重复所学生词的教学目的。例句和练习设计还要考虑到同一班级学生的水平差异，能够做到难易结合、有梯度，才能保证让每位同学都不感到太容易或者太难。

第三，需按照每个语法点的难易程度合理安排教学时间。语法教学难易度与学生母语息息相关，如前所言，量词的概念对日本学生来说不会造成什么困难，对越南学生来说与母语几乎是一致的，但是对英美学生来说却是学习的难点（邓守信：2004）。确定语法难易度的原则包括：结构越复杂难度越高；语义越复杂难度越高；跨语言差距越大难度越高；越不易类化者难度越高；语用功能越强难度越高（邓守信：2003）。

第四，要把句型结构清晰地呈现给学生，可以用文字概括，还可以结合图表和公式一起展示。最好不用省略号，结构公式越具体、显性程度越高，就越能起到吸引学生、促使其注意的作用。含不确定因素的公式学生不易理解。比如:学习"……是……+可是/但是……"这个句型,有老师认为教科书上有语法解释，于是给学生两个例句之后就让学生做练习。学生没有从老师的例句中概括出省略号到底表示什么，就会说出："我明天去是我明天去，可是会晚一点儿"这样的句子来。如果老师不用省略号，把语法结构归纳为："adjective/verb+是+adjective/verb+可是/但是"学生会觉得更明确，出错的概率会有所降低。一般好的教科书会把公式归纳得比较清楚、准确；如教科书未做归纳，老师需认真查找相关工具书、与同事讨论，根据例句做出无误的归纳，否则可能误导学生。

第五，语法点的讲解和练习要有层次性，从简单的解释说明、对比分析（如有必要）和例句入手，通过跟读、齐读、点读等方式多次重复，进而把范句作为整个的语言组块"植入"到学习者的头脑中。在学生对语言定式有了印象之后，再通过替换、变换、扩展等相对比较机械的步骤巩固正确的结构概念，这样可提高对语法结构掌握的准确度，相对降低学生自行组装整个句子的难度（温晓虹，2008：81）。之后过度到给学生前句让他们说后句、给语境说全句、用语法点回答提问，然后到有意识地运用语法点于句段的表达中，复述并讨论课文相关内容，最后到运用语法点自由会话、写作文，实现由简到繁，由浅入深的表达过程。

下面以普林斯顿大学出版的四年级教材《无所不谈》第 1 课《中国人的新观念》中的"宁可……也不……"为例，说明课堂语法教学的基本内容和方式。

教科书上的注解是："宁可…也不…，would rather…than…"，在课文中出现的句子是："宁可累死，也不闲死。"编者列出的两个例句是：1）我宁可去做乞丐也不做这种骗人的事。2）我宁可嫁给一个穷人也不要嫁给有钱的老头儿。此处编者没有提供明确的结构公式，而是使用了省略号，也没有提供相应的汉语解释。因是高年级课堂教学，教师在备课时需首先考虑如何运用一个公式准确概括这个语法结构，如何用简单明了的汉语向学生解释清楚该结构的形式、意思和使用条件。

"宁可"是副词，后面一般跟（谓语）动词，再加上宾语，没有宾语也可以。"也不"后面的结构一般与"宁可"后面一致。这个结构所表达的语义是：有两种情况可供选择，通常都指不好的，但必须选择其中之一。"宁可"后面是选择的结果，"也不"后面是主语认为不希望选择的项目。在使用中需注意这两种情况都是不好的，但主语选择了一般人认为更不好的，借此强调其特别不喜欢另一项目的态度。它与"与其……不如……"都可表示选择，但后者更表示一种客观的选择，而前者更强调一种主观的态度。把这些理清楚之后需要准备例句。例句应鲜明、典型地体现语法结构的意思，应从简单到复杂的都有，以照顾不同接受程度的学生的需要。设计操练应从易到难，例如可以先给前句让学生说后句，其后再给语料让学生用规定结构"改写"，接下来老师提问让学生用该结构回答，然后设计话题，预期学生能把含有该结构的句子用在成段表达当中。在学生水平够高的情况下，时刻注意有意识地把这课需要掌握的生词、短语加在句子中，以挑战学生语言水平的最高极限，并保证说出的句子符合四年级学生应有的水平。如果完全没有生词，就会出现"我宁可没有钱，也不去工作"这样二年级的句子。

在课堂上，首先需要把"subject+与其+verb+object/complement,不如+verb+object/complement"这个句子结构以醒目的方式写在黑板上或者打在投影片上，标出"宁"的发音在这里是四声，而不是以前学过的"安宁"的"宁"的二声；然后简要说明结构表达的意义：有两个选择，都是不好的，但必须选择其中一个，"我"愿意选一个一般人都更不喜欢的更不好的，用这个强调"我"特别不喜欢自己不选的那个项目的态度。比如可以用课文中的句子说："我宁可累死，也不闲死。"然后进一步重复强调"累死"和"闲死"都是不好的，但是如果必须选择一个，我愿意选择一般人认为更不好的"累死"，来强调我特别不喜欢"闲死"的态度。因为这个语法结构较难，所以应加强输入，先带学生把课文中的句子作为范句齐唱两遍，建立初步的语块印象："宁可"要跟"也不"一起使用。然后多举几个例子，并通过问答互动来确认学生弄懂了这个结构的语义。比如可以用本课的生词编写下面的例句：

1、这位记者宁可贷款买房，也不要父母的资助。（划线部分是本课生词，下同）（问学生：记者觉得贷款好还是用父母的资助好。如学生大体知道两个都不好，一般人会觉得用父母的钱比自己借钱好一些，可是记者觉得自己借钱比用父母的钱好，就可以确定学生了解了这个结构的语义和语用了。如果学生理解起来有困难，老师解释之后，可以再给个例句，再确认一下，要保证学生有足够的正确输入，才能过渡到下一个环节）

2、这两口子宁可去办离婚手续，也不愿意说对不起。

3、他宁可住在贫穷、落后的地方，也不住在富裕、发达的地方。

然后进入操练阶段，可先采用老师说前半句学生说后半句这种比较容易的方式进行：

1、她宁可住在单位分配的小房子里，也不——

2、他们宁可选择去法院解决问题，也不——

3、我宁可靠自己奋斗，也不——

接下来可以让学生用新语法结构"改写"句子：

1、我愿意自己带孩子，不愿意让父母把孩子带到外地。

2、他们觉得分手也比每天吵架好。

然后可以提问，让学生用语法结构来回答，例如：

1、你愿意跟生活态度消极的人一起工作吗？

2、你愿意跟特别喜欢时尚、特别爱花钱的人结婚吗？

最后过渡到最复杂的-在交际活动中运用语法结构参与讨论，实现语段表达：

1、一般的美国人认为贷款买房好还是存钱买房好？为什么？比较传统的中国人呢？

2、有人认为如果有了孩子，即使两口子关系不好也不应该离婚。你觉得呢？

在操练过程中，学生可能会说出类似："我宁可吃好吃的中国饭，也不吃美国饭"这样的错句来，因其认为这个结构就是表示一般的选择，此时老师需再强调该结构的语义。还有学生会说出"宁可我自己带孩子，也不让父母把孩子带到外地"这样的句子来，老师需要纠正：在这个结构里主语应放在句首，而不放在副词"宁可"的后面，然后再让学生巩固练习一下。每个重点语法点的解释、操练时间大约应控制在 5-8 分钟之内，时间太长会使课堂节奏显得松散，学生的注意力容易转移。

# 五、结 语

总而言之，语法教学是国际汉语教学的核心内容，无论信奉何种教学理念，都不能无视如下简单的道理：只有掌握了相应的语法结构才能完成交际任务。只有建立在对语法结构的学习和掌握基础上的交际活动才能真正提高学习者的语言表达能力。如果过于淡化语言结构教学的重要性，太过强调交际策略和完成交际任务的意义，那么学生的语言水平就难有真正意义上的提高。语法教学中应坚持结构形式、结构意义和使用条件的合一，三者缺一不可。显性的语法教学比隐性的语言习得更有助于成年汉语学习者提高汉语水平。虽然语法学习十分重要，但并不意味着老师应在课堂上花大量时间讲授语法知识，而应尽量做到"知而少言"，就事论事，在必须解释的情况下坚持用尽可能简明的汉语三言两语把语法点的意思和使用条件说清楚。例子的难度应以不再增加语法点以外的难点为限，同时考虑适当加入本课及前课生词，以求实现让学生在学习语法的同时兼顾学习和巩固生词的目的。操练时间应大大多于讲解和例句说明的时间，并本着由易到难、方法多样、尽量避免枯燥乏味的原则进行。

老师要准备难度不同、长短不一、有语境的、供练习使用的句子，以满足不同语言水平的学习者的需要。在语法练习过程中也要注意纠正学生的表达错误和发音错误，以达到综合提高语言教学效率的目的。无论哪个年级的课堂教学、课外活动和考评，都应把有意识地要求学生使用新语法点作为必不可少的重要内容。

**参考文献**

Dulay, H. & Burt, M. 1974. Natural sequence in child second language acquisition [J]. Language Learning,(24):37-53.

Ellis, R. 1994. The Study of Second Language Acquisition. Oxford, England: Oxford University Press.

Ellis, R. 2006. Current Issues in Teaching of Grammar: An SLA Perspective .TESOL Quarterly, (17):359-382.

Krashen, S. 1981. Second Language Acquisition and Second Language Learning. Oxford: Oxford University Press.

Larsen-Freeman, D. & Long, M. H. 1991. An Introduction to second Language Acquisition Research. London: Longman.

Larsen-Freeman, D. 2001. Teaching and Testing Grammar. Long M. H. & Catherine, J. D. (Eds.) The Handbook of Language Teaching. MA: Blackwell Publishing Ltd.

Norris, J. & Ortega, L. 2000. Effectiveness of L2 Instruction: A Research Synthesis and Quantitative Mate-Analysis. Language Learning,(50):417-528.

Pienemann, P. 1984. Psychological Constraints on the Teachability of Languages. Studies in Second Language Acquisition,(6):186-214.

Schmidt, R. W. 1990. The Role of Consciousness in Second Language Learning. Applied Linguistics,11(2):129-158.

Skehan, P. 1998. A Cognitive Approach to Language Learning. Oxford: Oxford University Press.

Swain, M. 1985. Communicative Competence: Some Rules of Comprehensible input and Comprehensible output in its Development. In Gass, S. & Madden,C. (Eds.). Input in Second Language Acquisition. Rowley, MA: Newbury House.

陈莉萍、戴炜栋, 2005. 二语语法教学理论综述,《外语教学与研究》37(2):92-99。

邓守信, 2003. 对外汉语语法点难易度的评定,《对外汉语教学语法探索——首届国际对外汉语教学语法研讨会论文集》北京:中国社会科学出版社。

邓守信, 2004. 对比分析与语法教学,《汉语研究与应用》(2).北京:中国社会科学出版社。

卢福波, 2005. 对外汉语教学基本句型的确立依据与排序研究,《语言文字应用》(4):80-86。

李 泉, 2003. 基于语体的对外汉语教学语法体系构建,《汉语学习》(3):49-55。

李 泉, 2007. 对外汉语语法教学研究综观,《语言文字应用》(4):69-76。

刘 珣, 2014.《对外汉语教育学引论》(20).北京:语言大学出版社。

吕文华, 1995. 关于对外汉语教学中的补语系统,《语言教学与研究》(4):37-46。

温晓虹, 2008. 语言习得与语法教学,《汉语学习》(1):76-84。

温晓虹, 2012.《汉语作为第二语言的习得与教学》北京:北京大学出版社。

赵金铭, 1994. 教外国人汉语语法的一些原则问题,《语言教学与研究》(2):4-20。

赵金铭, 1996. 对外汉语语法教学的三个阶段及其教学主旨,《世界汉语教学》37(3):74-84。

赵淑华, 1992. 句型研究与对外汉语教学¬——兼析"才"字,《语言文字应用》(3):20-24。

张旺熹, 1991. "把字结构"的语义及其语用分析,《语言教学与研究》(3):88-103。

（梁霞　xliang@wustl.edu）

# Teaching Chinese Grammar to International Students: Principles, Contents, and Pedagogies --With a Focus on American College Classrooms

## LIANG Xia

*teaching professor of Chinese, board member of Chinese Language Teacher Association.*

*Department of East Asian Languages and Cultures,*

*Washington University, Campus Box 1111, Busch Hall 115, EALC, St. Louis, MO 63132, USA*

**Abstract** This paper reviews the development of grammar teaching in the history of foreign language education around the world, and discusses the contents, steps and methods of Chinese grammar teaching at college level. I propose seven principles of grammar teaching, pointing out only through grasping grammar forms can learners improve their language skills and accomplish their communication tasks. Grammar instruction should incorporate forms, structural meanings and conditions of usage. Explicit grammar instruction is more effective than implicit instruction for adult learners. However, although explicit grammar instruction is very important, Chinese language teachers should provide students with as many exercises as possible. Grammar teaching should aim at improving learners' language skills and communication competence.

**Key words** International Chinese education;  teaching grammar;  discipline;  principle;  pedagogy

# 逆序构词说引发的质疑与思考

## 刘中富

中国海洋大学

**提要：** 汉语词汇中存在一些貌似跟常规构词的语素组合顺序相反的复合词，有些学者将之视为逆序构词，并概括出一些逆序复合词类型。有的学者对此提出质疑，不同意逆序构词说的分析路径和操作方法。导致争议的原因在于持逆序构词说的学者在立论时未能满足一些必要的论证条件，无法保证立论的可靠性。争议的意义不在于谁是谁非，而在于可以引发对汉语构词问题的深入思考。

**关键词：** 构词法 逆序构词 逆序式复合词 逆释词

## 一. 引 言

构词法是词的内部结构方式。它是语法学、词汇学、语音学、语义学、词源学等多学科共同关心的研究对象，不同学科有着不同的切入视角和不同的研究目的，彼此又相互观照与借鉴，已然形成了汉语语言学一个多学科交叉的活跃领域。回顾《马氏文通》以来的汉语构词法研究，研究的角度早期侧重语义分析，20世纪中期侧重句法结构分析，20世纪末至今形成了句法、语义、语音、韵律等多角度融通的分析态势，提出了句法构词、词法构词、语义构词、语音构词、变调构词、韵律构词等范畴，概括出句法词、词法词、词汇词、韵律词等不同的构词类别；研究的方法也由例举式的分类概括走向数据库、大文本的定量统计分析模式。

随着研究视角的转换和研究方法的改进，研究内容在不断拓展，发现了一些过去被忽视的特殊构词类型，或是用过去的研究不能作出很好解释的构词现象。其中，逆序构词说的提出以及由此引发的质疑就是一个颇受关注的方面。本文将在梳理逆序构词说提出的过程以及由此引发的质疑基础上讨论逆序构词说的实质，对逆序构词说存在的问题作进一步思考。

## 二. 逆序构词说提出的过程和由此引发的质疑

李行健（1982）、戴昭铭（1982、1988）、刘叔新（1990a）、周荐（1991a、1991b、1992、2011、2013、2016）、彭迎喜（1995）等学者先后认为汉语复合构词中存在与常规（符合句法结构规则）的构词语素顺序相反的现象，如常规的定中式复合词构词语素的排列顺序是"定+中"，即修饰限制成分在前，被修饰限制成分在后，但也存在顺序相反的词例。他们提出了一些不同的构词语素顺序与常规构词相反的类型，分析并阐释其构词机制。他们中有的学者将这些构词语素顺序与常规构词相反的构词现象直接称作逆序构词，将通过逆序构词形成的词叫作逆序词。由于逆序词在释义时，不能按照正常的次序从前往后顺向释义，而要从后往前逆向释义，所以从释义操作角度"逆序词"又被称作逆释词（周荐，2013、2016:89）。所谓逆序构词说就是对他们所持的逆序构词观点的总括说法。

李行健（1982）从词典对"打仗""打拳""打围""打抱不平""养病""养伤"等词语的意义解释入手，并通过跟典型动宾格式变换式的差异分析，说明这些形式上像动宾结构的词语只能用状语后置的关系去分析，它们最初是由动状结构组成的词语，只有按动状结构去分析这些词语，才能使语法结构的形式和意义统一起来。同时论证了这种结构格式来源于古代汉语中的状语后置的造句法，建议在构词法中设立"动状"结构这种构词格式。虽然没有明确将"动状"构词格式定为一种逆序构词方式，但它跟更为常见的"状动"构词方式相比，总带有特殊性，因此，这种观念的提出对后来有的学者直接提出逆序构词是有启发的。

戴昭铭（1982）针对"熊猫"又叫"猫熊"，究竟哪种说法更规范、更科学的问题，指出对"熊猫"一词提出异议的人认为，在汉语构词法中，"名 1+名 2"所造成的偏正式名词只有一种格式，即"名 1→名 2"（"名 1"和"名 2"分别代表两个名词性词素,箭头表示修饰方向)，而没有"名 1←名 2"，唯独"熊猫"一词例外，容易引起误解，所以必须匡正。进而认为"名 1←名 2"的结构方式不仅表现在"熊猫"一词上，而是古已有之、今天仍在发挥作用的结构方式，具体分析的词例有"蜗牛""蠹鱼""犀牛""蚕蚁""翅鞘""睾丸""耳朵""脸盘""腿肚子""脑袋瓜"等。同时说明，"名 1←名 2"式虽然是汉语名词结构的一种形式，但是无论和"名 1→名 2"式比，还是和其他构词方式比，它的构词能力都显得较弱，所造成的词汇数量也远远没有其他方式的多，它只是各种构词方式中比较特殊的一种。"名 1→名 2"和"名 1←名 2"两种结构方式对照分析，且指出"名 1←名 2"式的特殊性，这就为认定有"中+定"这种逆序构词提供了证据。戴昭铭（1988）在讨论词法结构与句法结构的关系时，认为有一种词化手段是颠倒组合单位的次序，即句法结构中修饰或支配的方向在词法结构中便被颠倒了过来，举例有"熊猫（如猫之熊）""菜干（干的菜）""笔洗（洗笔之器）""门卫（守卫大门者）"。这差不多等于说汉语构词存在跟句法结构的偏正式、动宾式结构次序颠倒（倒序、逆序）的正偏式、宾动式。

刘叔新（1990a）在论述复合词结构不同于句法结构、复合词词素序和词序不是一回事时，使用了"逆序词"概念。除谈到"火柴"与"柴火"、"猫熊"与"熊猫"、"羔羊"与"羊羔"、"卷烟"与"烟卷"、"脚注"与"注脚"等共存并用的逆序同义的复合词外，还谈到了复合词词素序跟句法中的词序不同的复合词类型，例如，意义上一个词素有修饰性，另一个词素被修饰，而它们之间的顺序却与现代句法偏正关系相反，如 "饼干、萝卜干、豆腐干、肉松、韭黄、拜堂、逃荒、打仗（杖）、打围、打拳、养病"等。在脚注中还说明李行健（1982）认为"打仗、打围、打拳、救荒、救火、养病"等是修饰成分后置的动状结构的意见是"中肯之见"。

周荐是明确提出逆序构词的学者，持续研究近 30 年，内容上有连续性也有更新。周荐在讨论逆序构词时，操作上是跟常序复合词相比较，通过语素在整词释义中顺序与常序复合词相反来确定一个词是逆序词的。"现代汉语中有一些复合词其语素的顺序与常序不同,它们把本应前置的语素后置,从而与常序复合词形成对照,成为一种独具特色的复合词类型。"（1991a）"A、B 两个语素与偏正式复合词、述宾式复合词的语素间的结构关系相近似，但是，语素与语素的组合顺序却与偏正式的词、述宾式的词相反。……因为它们都与语素常序的常式词形成相反的对照，我们也可以把它们合并在一起，统称之为逆序式复合词。"（1992）在逆序式复合词的构词类型归属上，仍将其归入相应的常式词类型，只是标明其逆序性质，如"定—中偏正式复合词中语素逆序的一类，其格式应为中—定正偏式"，"状—中偏正式复合词中语素逆序的一类，其格式应为中—状正偏式"(1991a)。术语的使用有时用句法构词惯用的偏正式、述宾式之类（1991a、1992、2013、2016），有时用语义构词惯用的定中格、状中格、支配格（1991b、2011）。周荐认定的逆序构词有三种：定中逆序的中定式、状中逆序的中状式、述宾逆序的宾述式。根据逆序词语素之间的语义关系，中定式和中状式又有下位分类，中定式分为"事物+形状"类（钩吻、烟卷儿）、"事物+颜色"类（韭黄、虹彩）、"事物+动作"类（仆从、氛围）、"事物1+事物2"（宅院、果穗）、"方位+事物"类（外行、中秋）、"大类名+小类名"类（羊羔、骨骼）；中状式分为"动作+工具"类（奠酒、冲喜）、"动作+处所"类（托梦、漏网）、"动作+时间"类（点卯、洗三）、"动作+动作发出者"类（扑虎儿、藏猫儿）、"动作+原因"类（卧病、折秤）、"动作+方式"类（打围、转磨）、"动作+状态"类（瘦削、瞻仰）。宾述式词例不多，有 18 个(1991b)，实际分析的词例有"何往""何在""庖代""株守"(2016:95)等。需要说明一点的是，周荐在（2013、2016:88-89）中认为："汉语中有一些复合词，其词内字（语素）的顺序与普通词的词内字（语素）的顺序不同，它们把按照常理应该前置的字后置，应该后置的字前置，从而成为一种独具特色的复合词类型。这类词称反序词。与反序词相对，那些词内字序该前置的前置、该后置的后置的复合词，则称正序词。前者之所以称为"反序词"，除表明此类词的字序与普通词的字序不同之外，也表明此类词的非正常的性质。正序词，用以构成它们的字都是从前往后顺次展开的；反序词，用以构成它们的字都是从后往前逆序展开的。"这种表述从字面上看完全可以把"正序词"看成前文所讲的常序词，把"反序词"看成前文讲的逆序词。实则不然，这里的正序词、反序词是用来指不同词汇系统中拿来相互对照的构词语素顺序相异的对应词，如汉语普通话的"公鸡"与南方方言中的"鸡公"，或是用来指汉语中"力气"和"气力"、"率直"和"直率"之类构词语素顺序相反的词。这样使用正序词、反序词概念是存在问题的，不同词汇系统的词无法确定正反序，更不能认定谁是正常的，谁是反常的，就是同一词汇系统的词，也很难确定哪个是正常的正序词，哪个是反常的反序词。出于在概念使用上与上述正序词、反序词相区别，也为了突出常序词与逆序词在释义上的特点，周荐提出了顺释词和逆释词这对相对的概念。

另外，彭迎喜（1995）通过对合成词的考察发现了一些无法归入联合式、偏正式、述宾式、补充式、主谓式、附加式、重叠式、简缩式的复合词结构类型。在拟新设的六种复合词结构类型中有一类正偏式，并说明他所说的正偏式不同于有的语法书把"车辆、花朵"这类通常归入补充式的复合词叫做"正偏式"，而是相对于偏正式中类似"定中结构"的那一类复合词而言。跟偏正式的结构相反，在正偏式的两个语素中，中心语素在前，而修饰、限定性的语素则居后。举例有"灯管、粉丝、粉条、砚池、砚台、云彩、上海、下江、菜花、茶砖、蚕蚁、上午、下午、冰棒、柴火、人选、先秦"等。

逆序构词说对一些用一般构词常识不易解释的复合词增加了一种可能性构词分析，从一个侧面展示了汉语构词法的多样性和复杂性，也在一定程度上显示了汉语构词法的特点。但是，逆序构词真的是一种独立的构词机制吗？逆序式复合词真的存在吗？所谓的逆序式复合词释义时必须逆释吗？对此，有的学者提出了质疑。

王洪君（1998）针对李行健（1982）认为"打拳""养伤"等是动—状结构( 或称逆序状中)和周荐（1991b）认为"打围""洗三"等是逆序状中的观点展开了批评。批评从三个方面进行：（1）通过述宾和状中的形式比较，发现："打拳""养伤"完全适用述宾结构的变换式；在结构整体功能上"打拳""养伤"与述宾短语相同；"洗三"和"打围"不能带宾语，两个成分中间不可以中插其他状语，它们与述宾结构的类似点比与状中结构的更多。（2）"打拳""养伤""洗三""打围"在成分配列和整体义方面与述宾结构基本一致而与状中结构完全不同。（3）由于古汉语不存在单名词工具语在动词后的动状结构, 所以"打拳"类复合词不可能是古代动—状短语的遗留；"洗"在古汉语中不属于可后接时点语的动词小类，因而"洗三"不可能是古代自由短语结构的遗留；"养伤"是古代用法的凝固，只是这种古代结构是述宾，而不是动—状；"打围"的"围"不是后置的方式状语而是表具体动态的宾语。

针对周荐（1991b）提出的逆序定中结构的复合词，王洪君（1999）对诸类、诸词进行了辨析。辨析主要重新审视后一语素的语义性质，兼顾相关词的比较和词源考证。经过辨析认为："韭黄、糖稀、菜干、虹彩"这一类词就是正常的定中结构，其语义结构应为"质料+特性物"，转指名性义的后字是全词的心；"烟卷、雪花"之类的词也是正常的定中结构，其语义结构应为"质料+特形物"，表形状的后字是全词的心；"羔"的本义是指小羊,后来扩大指另一些动物的小者，如"鹿羔""王八羔子"等，与"羊"就成为义域交叉关系，在"动物小者"的前面再加"羊"限指"羊之小者"的"羊羔"仍然是正常的定中结构；"仆从"中"从"的"随从(者)"名性义项很常用，"仆从"就是"仆人""随从"两个相近的身份词放在一起,两者互相限制,表示"随从中的为仆者"；"宅院"的"宅"和"院"是空间、功用上密切相关的事物， 两个字放在一起，表示有宅有院的一处建筑，是并列结构；"年馑"是山西、陕西一带的方言词，它的实际意义应是"年成荒歉"，内部结构应是主谓。以上辨析是作者认为有把握的。对"氛围""钩吻""结喉""下江""外行"诸词的内部结构作者自称还不太有把握，仅谈了一些初步想法。但我们觉得这些初步想法也是可接受度很高的，且颇有启发意义。这些想法分别是：有可能"氛围"的"围"并不是指"四周"而是指"使里外不通的环绕物" (与"范围"的"围"类似)，这样"氛围"的意思就是"由特殊的气氛和情调形成的环绕物"；"钩吻"的构词理据不明，主要义项是指一种缠绕茎的常绿灌木，可入中药，有剧毒，它的一个义项是指"勾曲(钩形)的鸟嘴(吻)"，这无疑是正常的定中结构了（按：依据王洪君的说法，周荐认为的"钩吻"指"唇吻状的钩"，就没有实际词义作为依据了）；如果按正常定中的次序去理解，"结喉"义为"结状的喉(外突成结状的喉,特指成年男子的喉)"，"喉结"义为"喉部的结状物"，都解释得通；"下江"也可以理解为"下游段的长江"，与正常的定中结构"下体（下半部身体）"结构相同；"外行"可以理解为类似于"远庖厨""入门"那样的以述宾结构表状态的结构，即"外乎其行"之义。这样，逆序定中结构是否存在，就真的值得怀疑了。

冯胜利（2009：29）以注释的形式针对刘叔新的观点进行了反驳，"有人不同意汉语的复合词跟短语之间的平行结构。一般所持的主要论据是二者'词序'上有显著的差异（见刘叔新1990）。然而根据汤廷池（1992）的研究，所谓词序上的问题可以通过当代语言学'incorporation(并入)'理论来解释（详见汤文）。其他少数例外以及尚不甚清楚的例子也不足以否定传统构词学的一般结论。比如'柴火'到底是'柴火'还是'柴禾'值得考虑。又如'注脚'跟'脚注'的并存，并不影响他们内部的偏正关系。还有'豆腐干'，其实不必分析成修饰与被修饰的'顺序与现代句法偏正关系相反'，因为这里的'干'可以是一个名词。北京人说'豆腐干儿'，甚至可以说：'这块豆腐都快晾成干儿了'。这个儿化的'干儿'正是它名词化的证明。不能把'豆腐干'解释成'干豆腐'就如同不能把'豆腐干儿'说成'干儿豆腐'一样。"

在如何看待逆序式复合词问题上，朱彦（2004:23-26）有着与王洪君、冯胜利大致相同的看法。认为在所谓逆序式复合词的理解上存在把词素语义性质的复杂性和多变性简单化的问题。指出"有的学者认为，'饼干、肉松、韭黄、画卷、物件、画册、花朵、面条、房间、叶片、人群、铁流、球拍、口罩、脚扣、木刻、讯问、奴役、书丹、拜堂、殉难、逃生、养病'等词是逆序式复合词，我们认为这是忽略了词素义的历史发展及现实状况而造成的一种误解。"

### 三．逆序构词说的立论逻辑

逆序构词说的立论有其内在的逻辑路径。从论证的过程来看，大致是下面一个推进步骤。

首先，所有持逆序构词说的学者都是从词典对某些复合词的释义特点或从自己对某些复合词的词素义跟词义关系的理解（特别是对构词理据的认知）中发现问题的。正因如此，朱彦（2004:8）在概括汉语构词法研究时将讨论逆序构词的文献都列入纯语义的构词法研究之列。这从周荐（2013、2016）将结构逆序的复合词称为"逆释词"更可以明显地看出来。为更直观地说明问题，下面转录周荐在多种讨论逆序构词的论著中反复使用的部分例子：

| | |
|---|---|
| 钩吻：唇吻状的钩。 | 烟卷儿：卷儿状的烟。 |
| 韭黄：黄色的韭菜。 | 虹彩：彩色的虹。 |
| 仆从：跟从的仆人。 | 氛围：包围着的气氛。 |
| 宅院：带有院子的住宅。 | 果穗：结穗的果实。 |
| 外行：本行业之外。 | 中秋：秋季的中旬。 |
| 奠酒：用酒来祭奠（亡灵）。 | 冲喜：用喜事来冲（晦气的事）。 |
| 托梦：在梦中托付。 | 漏网：从网中漏掉。 |
| 点卯：在卯时查点。 | 洗三：在婴儿出生的第三天洗澡。 |
| 扑虎儿：像虎儿一样扑。 | 藏猫儿：像猫儿似的藏匿。 |
| 卧病：因为生病而卧床。 | 折秤：由于重新过秤而折损分量。 |
| 打围：围起来打。 | 转磨：围着磨盘转。 |

其次，把所发现的可作逆向理解或解释的复合词跟只能作正向理解或解释的复合词比较，分析其与只能作正向理解或解释的复合词的对立性，从而确立其独立存在性和特殊性。戴昭铭（1982）对比"狼狗"和"豺狗"，指出："狼狗"和"豺狗"形虽似而用意结构均不同。前者指一种像狼的狗，为"名1→名2"式，后者却是"像狗的豺"，为"名1←名2"式。无独有偶，浙东一带民间至今仍称"豹"为"豹狗"，其用意和结构和"豺狗"完全一样。再看周荐（1992）所作两组词的比较："脑桥"是脑中的桥状物，"选区"是选举的地区，"除尘"是除掉灰尘；而"钩吻"是唇吻状的钩，"点卯"是在卯时查点，"何在"是在什么地方。这种比较，在周荐（2013、2016：91-95）中表现更充分，每一种逆释词的词义结构分析都跟"顺释词"相比较，例如：

逆释例：

　　　　外行：本行业之外。　　　　　中秋：秋季的中旬。

顺释例：

　　　　下肢：（人身）下部的肢体。　　内政：内部的政务。

再次，表面上看逆序构词分析的起点乃至重点是复合词内语素义之间的语义关系和词义结构，实际上，逆序构词分析的旨归是指向复合词的结构，是要跟句法结构相比较，发现语素序跟句法结构的词序的相逆性。这是因为在持逆序构词说的一些学者那里有一个基本的认知前提，构词语素的意义体现复合词的词义结构，复合词的词义结构表现复合词的形式结构，而复合词的形式结构跟句法结构在类型上是一致的。也就是说，复合词的形式结构与句法结构一致，复合词的形式结构就是常序（正序）；如果复合词的词义结构跟句法形式的语义结构具有一致性，而构词语素的组合顺序跟句法结构的成分顺序不一致，那么复合词在形式结构上就是逆序的。所以，表面上看逆序构词说是要证明复合词的形式结构在语素组合顺序上跟句法结构不一致，实际上却隐含了一个前提，那就是在基本结构类型上复合词的形式结构类型跟句法结构类型是一致的，否则，就无法拿复合词的形式结构去跟句法结构类比，发现复合词结构是正序还是逆序。

## 四．对逆序构词说存在问题的进一步思考

值得注意的是，逆序构词说每一个论证环节都需要附带特定的条件，满足这些条件才能保证论证的可靠性。逆序构词说之所以会受到质疑，就是因为这些条件没有得到充分满足，加之在论证过程中个人主观性又难以避免，时常出现误判。

我们认为逆序构词说要证明其观点成立，论证时需要满足的条件至少应有以下几点。

其一，要保证所分析的词义是真实词义，力避释义的主观性。比如，"折秤"的真实词义是"货物重新过秤时因为已经损耗而分量减少，或货物大宗秤进，零星秤出而分量减少"，而不是"由于重新过秤而折损分量"；"瞻仰"的真实词义是"恭敬地看（多用于与逝者有关的事物）"，而不是"仰着身体瞻望"；"粉条"的真实词义是"用绿豆、白薯等的淀粉制成的细条状食品"，而不是"条形粉"。不同词典常常对同一个词在释义上采用不同的表述方式，有的词典释义像逆释，有的词典释义像顺释。采用词典释义时应仔细甄别，选择释义科学准确的。当我们对一个词要作逆向释义时，也要考虑它可不可以正向释义，如果二者均可，那就要比较哪一种理解更接近事实。

其二，要给构词语素在词中实际实现的语素义科学定性，也就是说在理解或释义时必须精准选择构词语素的真实语素义。静态存在的语素义跟动态使用的语素义不同，静态存在的语素义一般是多义的，动态使用的语素义是单义的，静态存在的某一项语素义常常是概括的、稳定的，而构词中实际使用的语素义常常是具体的、临时转化的，构词语素还可能保留古义。如果对构词语素的意义产生误判，对词义结构也就可能产生错误分析。比如，如果把"肉松"一词中的"松"误判为形容性义"松散"或"不坚实"，而不是理解为名性义"用鱼、虾、瘦肉等做成的绒状或碎末状的食品"，那末就可能将"肉松"的词义结构理解为"松散的肉"或"不坚实的肉"，从而将"肉松"判定为中定结构的逆序词。

其三，要真正弄清构成复合词的语素之间所具有的语义关系。上文王洪君对周荐在"仆

从""宅院""羊羔""外行"等词义分析上的质疑就是这方面的问题。再如，周荐（2013、2016：92）将"骨骼"视为"大类名+小类名"的逆释词，我们也不敢苟同。"骨骼"的"骨"和"骼"是整体与部分的关系，而不是"大类名+小类名"的关系，"骨干、骨骼、骨髓"共同构成"骨（骨头）"，就像"花瓣、花蕊、花萼、花托、花梗"构成"花（花朵）"、"叶柄、叶片"构成"叶（叶子）"、"叶肉、叶脉"构成"叶片"一样，表示部分的语素是复合词的语义焦点和中心，表示整体的语素起修饰限制作用，所以"整体+部分"构成的复合词都是正常的定中结构。

其四，要有系统观念，不仅要进行词与词之间的异质比较，还要进行词与词之间的同质比较，也就是要把结构待确定的词放在不同的词群中进行比较，给待确定结构的词科学归类，然后才能判断待确定结构的词有什么词义结构和形式结构上的特点。比如，"中秋"的词义结构是理解为"秋季的中旬"合适，还是理解为"介于初秋（早秋）和晚秋（深秋）之间的秋季阶段（或是指秋季三个月中的第二个月，与"仲秋"同义）"更合理？是把它看成中定结构的逆序词（逆释词）符合实际，还是把它看成一个普通的定中结构的词更客观？从汉语词汇的系统性看，把"中秋"看成定中结构的复合词更符合人们的认知规律和特点，更具可接受性。首先，"旬"不能用来指称季节，没有"秋季的中旬"这样的说法。更重要的是，在汉民族认知心理中，人们常常把一个特定的完整时间段划分为有序的几个小段，如一年分春夏秋冬四季，每个月分上旬、中旬、下旬，白天分上午、中午、下午，伏天分初伏、中伏、末伏。每个季节也一样，春季有三春（正月为孟春，二月为仲春，三月为季春），夏季有三夏（四月为孟夏,五月为仲夏,六月为季夏），秋季有三秋（七月为孟秋,八月为仲秋,九月为季秋），冬季有三冬（十月为孟冬，十一月为仲冬，十二月为季冬），这是均等划分的严整说法；对季节的不同时段还有一些划分边界不太分明、构词系列不太严整的一些说法，如"初春、早春、晚春、末春、暮春，初夏、首夏、晚夏，初秋、首秋、早秋、晚秋、深秋，初冬、深冬"等。对比这些词群，可看出"中秋"的"中"表示在一个序列中居中的序位义，是对"秋"这个整体季节作序位限定。

其五，要注意词的同一性，不能"指东说西"。这个方面尤其要注意书写词跟口说词的不同，一个词位可能口说是儿化词（或某个构词语素是儿化音节），而书写词却没有儿化标记，这时，分析构词要以口说的词为对象。王洪君（1999）和朱彦（2004：24）在批评有的学者将"韭黄""菜干"等词判定为逆序词时，都指出"韭黄""菜干"的"黄""干"使用的是由形容义转指的名性义（名物义），"韭黄""菜干"之类都是正常的定中式，而不是逆序式。其实，更重要的是"韭黄""菜干"都是书写词，口说的词应是"韭黄儿""菜干儿"，"黄儿""干儿"本身就是名词性语素。这一点，王洪君（1999）、冯胜利（2009：29）也注意到了。我们还发现，《现代汉语词典》（第 7 版）（2016：698，1251）对"韭黄"词形和释义的处理跟"蒜黄"是不一致的，从对"蒜黄"的处理看，"韭黄"的"黄"也应该是"黄儿"。转录《现代汉语词典》的处理如下：

【韭黄】jiǔhuáng 图在黑暗、温湿条件下培育的韭菜，颜色浅黄，嫩而味美。

【蒜黄】suàn huáng（～儿）图在不受日光的照射和适当的温度、湿度条件下培育出来的黄色蒜叶。做蔬菜用。

儿化有时还是分化构词语素的手段，如"葱白"和"葱白儿"就是两个完全不同的词，前者表示颜色，指"最浅的蓝色"，后者表示葱的一部分，指"葱的茎"，绝不能将"葱白"当成"葱白儿"。

其六，要确实能充分证明复合词的结构跟句法结构在类型上具有一致性，复合词的结构都可以比照句法结构来分析。这个问题似乎不需要证明，因为传统构词法研究就是这么认为的，几近常识。不赞同逆序构词说的学者也是在持有这样的认识前提下，努力去证明那些被逆序构词说学者称作逆序的复合词并非逆序，而是正常的符合句法结构类型的复合词。"我们可以通过与自由短语结构的类比来确定绝大多数复合词的结构类型。"（王洪君，1998）对于这一点，有学者坚定地相信："汉语的复合词内部各成分之间的关系是通过句法结构来实现的"。（冯胜利，2009：9）随着对复合词结构与句法结构以及词汇词和句法词对比研究的深入（参阅刘叔新，1990a、1990b；董秀芳，2004 等）学界持异见者逐渐多起来，戴昭铭（1988）就认为："合成词不可能像句法结构那样使用词序、虚词等手段从容地进行逻辑性的表述，有时不得不使用一些非句法手段，略去句法表达中的虚词乃至部分实词(或实词素)，使最能表现事物或现象的本质特征的最重要的词素直接结合。这样，即使表达同一概念，句法的和词法的组合单位也不可能完全对应。词法组合由句法组合到词法组合的这种省略，实际上正是一种词化手段。""'句法构词'只是一个近似的、比拟性的术语，不能胶柱鼓瑟地去理解。否则处处以句法眼光来看词法，就难免要方凿圆枘、削足适履了。"刘叔新（1990）更是旗帜鲜明地反对复合词结构具有语法属性的观点，指出："复合词结构只是词汇的现象，具有词汇属性。""复合词内纷繁众杂的词素意义关系，可以而且也须要由词汇语义学去研究。而复合词结构，作为构词法一种重要种类的体现方式，其一般性质、层次、类别划分、与词义及词素义的关系等等方面和问题，当然是词汇学加以研究的，而且也只是词汇学的研究对象。"还建议术语"构词法"只用于语法学，词汇学可以用"词式"和"造词法"来替换"构词法"。我们认为有些复合词结构的特异性或许正是有意规避句法的结果，是词化所需要的，比如"洗三、抢白、抓狂"，如果按句法结构说成"三洗、白抢、狂抓"，那么构成的就是短语而不是复合词了。

## 五. 结 语

逆序构词说是否成立，我们无意断然下结论，但它的不足确是显而易见的。我们对由逆序构词说引起的争议也不必刻意评判谁是谁非。逆序构词说的提出及其引发的争议不在于解决了多少汉语构词的疑难问题，其意义在于引发人们对构词法研究的多维思考。对复合词结构的研究可以有语法学维度，也可以有词汇语义学维度，甚至可以有语音学、语用学等维度，不同学科维度的研究也可以相互借鉴，相互启发，但每一种学科维度的研究都必须有自己的路径和方法，最好有自己的概念系统，而不能相互替代，也不能机械套用。只有多维度的研究才有可能做到这个学科不能解释的，那个学科可以解释，或者这个学科从这种属性解释，那个学科从那种属性解释，从而对复合词结构的多种属性作出综合分析。不管哪个学科维度的研究，今后复合词结构研究的重点都应该聚焦那些构词理据不明显、语义结构透明度低、组合规则性不强、词化程度高的特异性复合词方面。

另外，还应考虑到上古汉语来源的复合词可能有不同民族语言成分的融合，因此形成词汇构成的复杂性。这些成分有一部分可能随着解释体系的变化而有同化，有些可能没有被同化，仍保持原形。词汇往往是语言考古的重要依据，因此在词汇构造上一定有例外。但这些例外已成化石，不足以成为另一种仍在活跃中的能产构词法。

**参考文献**

戴昭铭, 1982. 一种特殊结构的名词,《复旦学报(社会科学版)》第 6 期, p40-45。

戴昭铭, 1988. 现代汉语合成词的内部结构与外部功能的关系,《语文研究》第 4 期, p21-28。

董秀芳, 2004.《汉语的词库与词法》, 北京大学出版社。

冯胜利, 2009.《汉语的韵律、词法与句法》, 北京大学出版社。

李行健, 1982. 汉语构词法研究中的一个问题 —— 关于"养病""救火""打抱不平"等词语的结构,《语文研究》第 2 期, p61-68。

刘叔新, 1990a. 复合词结构的词汇属性——兼论语法学、词汇学同构词法的关系,《中国语文》第 4 期, p241-247。

刘叔新, 1990b.《汉语描写词汇学》, 商务印书馆。

彭迎喜, 1995. 几种新拟设立的汉语复合词结构类型,《清华大学学报》(哲学社会科学版) 第 2 期, p34-36。

王洪君, 1998. 从与自由短语的类比看"打拳"、"养伤"的内部结构,《语文研究》第 4 期, p1-11。

王洪君, 1999. "逆序定中"辨析,《汉语学习》第 2 期, p8-10。

中国社会科学院语言研究所词典编辑室, 2016.《现代汉语词典》(第 7 版), 商务印书馆。

周　荐, 1991a. 语素逆序的现代汉语复合词,《逻辑与语言学习》第 2 期, p36-38。

周　荐, 1991b. 复合词词素间的意义结构关系,《语言研究论丛》第六辑, 天津教育出版社。

周　荐, 1992. 几种特殊结构类型的复合词,《世界汉语教学》第 2 期, p108-110。

周　荐, 2011.《汉语词汇趣说》, 暨南大学出版社。

周　荐, 2013. 形的正反序与义的顺逆释——对另类复合词的另类思考,《汉语学报》第 1 期, p12-18。

周　荐, 2016.《词汇论》, 商务印书馆。

朱　彦, 2004.《汉语复合词语义构词法研究》, 北京大学出版社。

（刘中富　　lzf6302@yeah.net）

# Questioning and Reflection triggered by the Idea of Reverse Word-formation

## LIU Zhongfu

**Abstract** There are some compound words in Chinese vocabulary that seem to be in the opposite order of morpheme combination with conventional word formation. Some scholars regard them as reverse word formation and summarize some types of reverse compound words. Some scholars questioned this and disagreed with the analysis path and operation method of reverse word formation. The reason for the controversy is that the scholars who hold the theory of word formation in reverse order fail to meet some necessary argumentation conditions and can not ensure the reliability of their argument. The significance of the dispute lies not in who is right and who is wrong, but in that it can trigger in-depth thinking on Chinese word formation.

**Key words** word formation;　reverse word formation;　reverse compound words;　backward-explaining words

# "归纳""演绎"考

## 黄河清

中国　香港《语文建设通讯》杂志

**提要:** "归纳"和"演绎"在汉语中古已有之,但它们指的不是现代意义。用来指 induction 的"归纳"和 deduction 的"演绎"来自日本。1870 年,日本思想家西周在《百学連環》中第一次用"帰納"和"演繹"来翻译 induction 和 deduction。后来这两个词在日本逐渐成熟、定型,大约于二三十年后传入中国,最初见于陈高第等人一本日译汉的著作。与此同时,中国翻译家严复还创造了"内籀"(或"内导")和"外籀"(或"外导")来翻译 induction 和 deduction。然而最后还是"归纳"和"演绎"胜出,严复的这些词逐渐淘汰。

**关键词:** 归纳 1　演绎 2

## 一. 引 言

归纳(induction)和演绎(deduction)是两种逻辑推理方法。归纳是由许多具体事实概括出一般原理的方法。演绎正好相反,它是由一般原理推出特殊情况下的结论。这两种方法应用十分广泛,不论是学术研究,还是日常生活都要用到。那么这两种方法是什么时候出现的,相关名称是什么时候产生的? 等等,本文试图作一些探讨。

## 二. 归纳和演绎的出现

早在古希腊时期,归纳和演绎这两种方法就被当时的哲人们用来推理和论证。而系统论述归纳和演绎方法的则是被称之为逻辑学之父的亚里士多德。亚里士多德首创三段论。三段论由大前提、小前提和结论三部分组成。例如,凡金属都能导电(大前提);铜是金属(小前提);所以铜能导电(结论)。这是典型的演绎推理方法,即由一般原理推出特殊情况下的结论。但三段论中也潜藏着用归纳得来的结论。因为三段论中的前提是既定的,而这个既定的前提,特别是大前提(凡金属都能导电),则是通过归纳推理获得的。由此可见,亚里士多德先是以既定的命题,确定了三段论的演绎推理形式,但如果要寻求三段论中大前提从何而来时,则我们会发现潜藏在三段论中的归纳推理形式(李廉,1996)。在希腊语中,归纳叫 επαγωγή (据说这是亚里士多德使用的术语),演绎叫 αφαίρεση。后来在古罗马时期,亚里士多德的著作翻译成拉丁语时,επαγωγή 的对应词被确定为 inductio,αφαίρεση 的对应词被确定为 deductio,而英语的 induction 和 deduction,则来自 inductio 和 deductio。

我国古代利用归纳或演绎进行论辩的例子出现也比较早。例如墨子就很重视归纳,他在议论中广泛应用归纳的推理和论证方式。如《墨子》卷一《法仪》中有这样一些话：

> 天下从事者，不可以无法仪。无法仪而其事能成者，无有也。虽至士之为将相者皆有法，虽至百工从事者亦皆有法。百工为方以矩，为圆以规，直以绳，正以县，平以水。无巧工不巧工，皆以此五者为法。巧者能中之，不巧者虽不能中，放依以从事，犹逾己。故百工从事，皆有法所度。

这段议论至少有两个层次的归纳推理：1. 因为为方以矩，为圆以规，直以绳，正以县，平以水，故百工从事者皆有法；2. 因为百工从事有法：为士有法，为将有法，为相有法，故天下从事者皆有法（孙中原，1983）。

我国古代利用演绎的方法进行讨论也很多。例如，孔子在给"仁"这一伦理概念下定义时说：

> 夫仁制，己所欲而欲人，己所达而达人，能近取比，可谓仁之方也已。（《论语·雍也》）

在这里，孔子将自己和其他人相类比，认为其他人和自己既是同类，因此自己所欲达到的东西，自然也必定是别人所欲达到和应该使人达到的东西，自己所不希望的事情，也自然必定不是别人所欲达到和不应该强加给别人的事情。这种类推方法，表面上似乎只是由个别（自己）而推及个别（别人）的所谓类比方法，但它决不是今天形式逻辑中的类比推理，它实际上就是以同类必须具有共性（被省略）为前提的由一般推及个别的演绎类推（周云之，1988）。

虽然我国古代利用归纳和演绎的方法进行论证的例子可以举出很多，但我们没有像亚里士多德那样对此进行总结，也没有这样方面的名称。

## 三．亚里士多德逻辑学思想的传入

明清之际，西学东渐，亚里士多德的逻辑学思想在这段时期传入我国。天启七年（1627）葡萄牙来华耶稣会士傅泛济（Francois Furtado，1587—1653）与中国士大夫李之藻（1565—1630）开始翻译 *Commentarii Collegio Coimbricensis e Societate Iesu:In universam dialecticam Aristotelis*（《亚里士多德辩证法大全疏解》），此书是经耶稣会学者改编评注的亚里士多德的工具论，其译本的汉语名称叫《名理探》（张西平等，2011）。该书共分 10 卷。在卷之一"欲通诸学先须知名理探"篇中，介绍了亚里士多德的三段论：

> 推辨之论三端：一首列，一次列，一收列也。如云凡生觉者，亦为自立者；凡人，皆生觉者也。则凡人，必皆自立者也。生觉云者，是首列；凡人生觉云者，是次列；人皆自立云者，是收列也。首、次二列总谓之先，总三者言，是谓推辨之论，西云细落世斯模。（傅泛际等，1631：35）

在这段话的前半部分中，"首列"和"次列"，译自拉丁语的 propositio maior 和 propositio minor，就是三段论中的大前提和小前提，"收列"译自 consummatio，就是结论。这段话的前半部分是说：凡是有生命意识的，均是自立者（大前提）。人都是有生命意识的（小前提），所以人必定都是自立者（结论）。这就是用三段论从一般到特殊进行演绎推理的一个例子。再来看后半部分。"首、次二列总谓之先"，这个"先"，当译自 prior。"细落世斯模"则是 syllogismus（三段论）的音译。因此，这段话可以看作是汉语文献中最先出现的介绍亚里士多德三段论的例子。

有学者说，《名理探》中已出现有关归纳和演绎的名称，前者被称作为"推辨"，后者被称作为"明辨"（刘星，2006）。但笔者对此并不认同。首先《名理探》中的逻辑学术语除了一部分语义比较明确外，有些术语含混不清，缺乏单义性，一词多义现象颇为严重。例如"推辨"这词，如果说它是用来指归纳，那么上引例子中的两个"推辨"就难以理解了。这段话中的"推辨"更像是推论、推理（conjecto），甚至是演绎（deduco）的意思。"明辨"也是如此。《名理探》在卷之一"名理探向界"篇中对"明辨"有这样的解释：

> 所谓明辨，由吾所已明，推通吾所未明。曰解释，曰剖析，曰推论三者是也。（傅泛际等，1631：27）

"明辨"中的"明"是由已明通未明，由此看来，从一般到特殊的演绎推论可以归属此列。但同时我们也看到另外一些推理也可归入其中，如从特殊到一般的归纳推理等。所以它后面又说解释、剖析、推论三者都是明辨，因为都有由已明通未明的特点。因此"明辨"所指的范围颇广，它的语义指向不是单一的，它是个多义词。笔者还对《名理探》的电子文本进行了查检，除了上引这个例子外，该书还有 28 处使用了"明辨"这词。这些"明辨"的语义更加含混，有时看上去像是在指推理、推论，有时可能是在指演绎，甚至也有可能是在指归纳，等等，很难确定。[1]

不管怎么说，《名理探》中有亚里士多德三段论的介绍，这是事实，而且有关三段论的几个术语，如"首列""次列"和"收列"等，语义明确，不含混。因此这段文字不但是我国最早介绍三段论的例子，也是介绍演绎推论较为典型的例子。然而从总体上讲，《名理探》没有在中国社会和思想知识界产生很大影响。原因主要是其论述繁琐冗长，而且处处参杂神的说教（杨必仪，1995）。

如果将《名理探》的翻译看作是西方逻辑学的第一次传入，那么第二次传入则是严复《穆勒名学》和《名学浅说》的出版（杨必仪，1995）。而汉语中的"归纳"和"演绎"也是在这个时期出现的，不过这与严复无关，那这是怎么一回事？

## 四．西周译词的出现

"归纳"和"演绎"这两个词古已有之。"归纳"原指归还、归入。例如，宋欧阳修《与宋龙图书》："先假通录，谨先归纳，烦聒岂胜惶悚。"宋秦观《鲜于子骏行状》："东州平衍，兖、郓、单、济、曹、濮诸河，其所归纳，惟梁山、张泽两泺。""演绎"原指推演铺陈。例如《朱子类语》卷六七："汉儒解经，依经演绎；晋人则不然，舍经而自作文。"那么"归纳"和"演绎"是什么时候开始用来指 induction 和 deduction？《汉语大词典》在这两个条目的相关义项中，前者举的是 1919 至 1921 年胡适作品中的例子（罗竹风等，1990a），后者举的是 1903 年章炳麟作品中的例子（罗竹风等，1990b）。其实，两个例子都有点晚。

"归纳"（induction）和"演绎"（deduction）这两个词来自日本。最早见于思想家西周（1829—1897）的《百学连环》（1870）。这是西周为私塾育英舍编写的一本讲义，"百学连环"的意思是百科全书。在这本讲义中，西周首次系统地介绍了西方近代的知识体系，其中也介绍了逻辑学上的 induction 和 deduction。他一开始将这两个词翻译作"帰納の法"和"演繹の法"，后来又将 induction 翻译作"帰納術"和"帰納法"（大久保利谦，1981）。

---

[1] 对于《名理探》中词义的难确定，句子的难理解，后人多有评说（杨必仪，1995）。

就这样，"归纳"和"演绎"与英语的 induction 和 deduction 有了对应关系，并在日本传播开来。西周自幼接受儒学教育，熟读汉语典籍，他应该知道"归纳"和"演绎"的古义，他用这两个词来对译 induction 和 deduction，是用相近的汉语词语来翻译西方概念的例子，这也是日本译介西方思想时经常采用的方法。

## 五．西周译词传入我国

西周的这两个译词"归纳"（induction）和"演绎"（deduction），约于 19 世纪末至 20 世纪初传入我国。例如：

1898 年陈高第等《大东合邦新义》："致知学者，印度之因明，泰西之论理学也。致知有二法：曰演绎，曰归纳。"（陈高第等，1898：5）

1903 年汪荣宝等《新尔雅·释教育》："从研究之对象而以经验的、归纳的，排列一定秩序者，名曰经验的科学。"（汪荣宝等，1903：59）

1907 年赵咏清《东游记略》："演绎者采先天之元素；归纳者采后天之结果。"（赵咏清，1907：78）

这两个词是通过日译著作，或与日本有关的著述传入我国的。而且当时的人们明显感到"归纳"和"演绎"这两个词具有"东洋风味"。梁启超在《汗漫录》（1899）中曾写道：

郑西乡自言生平未尝作一诗，今见其近作一首云："太息神州不陆浮，浪从星海狎盟鸥。共和风月推君主，代表琴樽唱自由。物我平权皆偶国，天人团体一孤舟。此身归纳知何处，出世无机与化游。"读之不觉拍案叫绝。全首皆用日本译西书之语句，如共和、代表、自由、平权、团体、归纳、无机诸语皆是也。（梁启超，1899.：595）

郑西乡，即郑藻常，是我国女权运动倡导者郑毓秀（1891—1959）的父亲。他巧用日语借词，创作了一首诗，里面共有 7 个日语借词，"归纳"亦在其中。梁启超对这首诗评价颇高，一是因为诗做得很巧妙，二是因为梁自己也喜欢在文章中使用日语词，读者见之"诧赞其新异"。而"归纳"和"演绎"也一样，在当时来讲，也属"新异"之词。[2]

## 六．严复译词的出现

几乎在"归纳"（induction）和"演绎"（deduction）进入中国的同时，我国思想家严复（1854—1921）也给 induction 和 deduction 创制了译名。他先是将前者翻译成"内籀"，后者翻译成"外籀"。这两个词最先见于《天演论·自序》（1896）：

及观西人名学，则见其于格物致知之事，有内籀之术焉，有外籀之术焉。内籀云者，察其曲而知其全者也，执其微以会其通者也。外籀云者，据公理以断众事者也，设定数以逆未然者也。乃推卷起曰：有是哉，是固吾《易》、《春秋》之学也！迁所谓本隐之显者，外籀也；所谓推见至隐者，内籀也。其言若诏之矣。二者即物穷理之最要涂术也。（严复，1898.：2）

"籀"原为抽取、抽绎之义（徐中舒等，1992）。 严复推广其义，他在《穆勒名学》（1905）中对"籀"字解释说，"夫思'籀'自最广之义而言之，实与推证一言，异名而同实。"所以

---

[2] 现在"演绎"一词又产生了"展现""表现"的意思，如"演绎时尚潮流"。但"演绎"的这个意义不属本文讨论范围，这里只简单提一下。

严复的这个"籀"为"推证"之义。他还说："自其偶然而推其常然者"，即由个别而推至一般的归纳推理，称为"内籀"；"即其常然而证其偶然者"，即由一般而推出个别的演绎推理，称为"外籀"，[3] 因此他把三段论称为"外籀联珠"（严复，1905）。但几年后，严复对"籀"的理解似乎又发生变化，他在《〈民约〉平议》（1914）中这样说："其间抽取公例，必用内籀归纳之术，而后可存。"（王栻，1986：337） 在这里，严复对"籀"的理解好像又回到它的原义，即抽取。严复的理解可能是这样的：induction 是向内推论，抽取结论；deduction 是向外推论，抽取结论，故前者叫"内籀"，后者叫"外籀"。

后来到了 1898 年，他在给北京通艺学堂所作的一篇讲稿《西学门径功用》中，出现了"内导"和"外导"这两个名称，[4] 前者用来指 induction，后者用来指 deduction。严复说：

> 而于格物穷理之用，其途不过二端。一曰内导；一曰外导。……内导者，合异事而观其同，而得其公例。粗而言之，今有一小儿，不知火之烫人也，今日见烛，手触之而烂；明日又见炉，足踏之而又烂，至于第三次，无论何地，见此炎炎而光、烘烘而热者，即知其能伤人而不敢触。……此用内导之最浅者，其所得公例，便是火能烫人一语。其所以举火伤物者，即是外导术。盖外导术，于意中皆有一例，次一案，二一断，火能烫人是例，吾所持者是火是案，故必烫人是断。（璩鑫圭等，1997：303-304）

可能严复感到"内籀"和"外籀"用字较古，所以将"籀"字改成了"导"，即引导，从一般到特殊是引导，从特殊到一般也是引导，就严复看来，前者是向内引导，后者是向外引导。

## 七．严复译词的冷落和西周译词的流行

虽然严复创造了"内籀""外籀"和"内导""外导"，但他也知道"归纳"和"演绎"这两个词。1911 年，严复在《论今日教育应以物理科学为当务之急》中，有这样一些话：

> "内籀"东译谓之"归纳"，乃总散见之事，而纳诸一例之中。如出家见桀亡，纣亡，幽、厉二世皆亡，由是知无道之主莫不亡，此内籀也。夫无道之主莫不亡矣，乃今汉之桓、灵又无道，则知汉之桓、灵必亡，此外籀也。"外籀"东译谓之"演绎"。外籀者，本诸一例而推散见之事者也。自古学术不同，而大经不出此二者。[5]（王栻，1986：282）

从这段话来看，严复主要用的还是"内籀"和"外籀"，"归纳"和"演绎"只是顺便提及了一下。

严复的著作在当时影响很大，所以他书中的译名有的一度也被大家沿用，"内籀"和"外籀"就是一例。鲁迅就使用过这两个词。1907 年，他在《科学史教篇》中说：

> 顾培庚之时，学风至异，得一二琐末之事实，辄视为大法之前因，培庚思矫其俗，势自不得不斥前古悬拟夸大之风，而一偏于内籀，则其不崇外籀之事，固非得已矣。（鲁迅，1907：35）

---

[3] 除了"内籀"和"外籀"外，严复还创制过一个含有"籀"字的术语。这就是《穆勒名学》部乙标题"通论推证思籀"中的"思籀"。这个"思籀"有人认为是英语 reasoning 的译词，见《穆勒名学·穆勒名学译名表》（商务印书馆，1931）第 14 页。

[4] 严复自用"内"与"外"来创制术语，他不但创制了"内籀""外籀"和"内导""外导"，还创制了"内涵"和"外函"。有人认为前者译英语 connotation（内涵），后者译 denotation（符号），但笔者觉得后者也有可能是译 extension（外延）。虽然从"帜"字看，像是指 denotation，但书中对这词的解释，更像是指 extension。详见严复《穆勒名学》（商务印书馆，1931）第 16 页以及该书译名表第 4 页。

　　然而，"内籀"和"外籀"这两个词终究竞争不过"归纳"和"演绎"。在当时的人们看来，"归纳"和"演绎"是正式名称，而"内籀"和"外籀"只是"亦称"。例如《辞源》（1915）虽然将这 4 个词都收为条目，但处理是不一样的。"归纳"、"演绎"作为正条，而"内籀"、"外籀"是作为副条出现的。该辞书在"归纳"和"演绎"条中是这样说的：

　　归纳（Induction）：论理学名词，亦译作内籀。（陆尔奎等，1915a：204）

　　演绎（Deduction）：论理学名词，亦译外籀。（陆尔奎等，1915b：146）

　　由此可以看出，在当时人们的用语习惯中，"归纳"和"演绎"被看做是"正称"，"内籀"和"外籀"只是"亦称"。其实当时连严复自己在使用"内籀"和"外籀"时，也需要用"归纳"和"演绎"来辅助说明。例如上面说过的严复《〈民约〉平议》中的那句话，其中"内籀归纳之术"中的"归纳"就是为了进一步说明"内籀"而用的，从语法上分析，"归纳"与"内籀"是同位关系，在同位关系中，后者就是为了说明前者。

　　又过了十多年，"内籀"和"外籀"使用的人少了起来，这时"亦称"变成了"旧称"。例如当时的《辞海》（1936）就认为这两个词是"旧称"了。下面是该辞书"归纳法"、"演绎法"条中开头的话：

　　归纳法（Induction）：论理学名词，旧称内籀。（舒新城等，1936：740）

　　演绎法（Deduction）：论理学名词，旧称外籀。（舒新城等，1936：826）

这说明当时大家使用的多数是"归纳"和"演绎"，"内籀"和"外籀"已属过去的名称了。其实这一现象在《辞海》之前就已经出现。例如，在 1921 年的《注音新辞林》"内籀"条里，我们就看到了这一点，该条说：

　　内籀：论理学名词，多数人均译作归纳。（中华书局，1921：45）

这说明在 1921 年"归纳"已是多数人的译称了，而"内籀"那只是少数人使用的名称。"内籀"和"外籀"之所以未能被大家接受，很可能是"籀"字较古，不易理解。严复自己也觉得这个字较古，在《名学浅说》中第一次说到"内籀"时，还给"籀"字注有读音，说"籀，音纣。"（严复，1909）而"内导"和"外导"虽然用字普通，但也没有流行开来，原因可能有二：1. 严复自己也不太用这两个词，人们对这两个词知晓度低；2. 当时人们对日语借词有认同感，"归纳"和"演绎"容易被人接受。

## 八．结　语

　　上面这番过程与结果，以及无形中的中日对比，引发出这样的一个思考：中日新词的竞争，往往日词胜出，为什么？[5] 我觉得中国过去创制或采用的词，少数译不到点子上，多数过于古雅、深奥，或者土俗。

　　少数不到位的，如《名理探》中的"推辨"和"明辨"。这两个词的对应可能有些疑问，但按照一些人的解读，它们是"归纳"和"演绎"的对译词。假设果然如此，那么把归纳译

---

[5] 史有为先生曾问我："日人和国人何以选字创词上有如此之差别？"他还说："我一直希望解决这个谜题。"这个谜题解答起来有难度，但我改了一下，似乎简单了。当然我的解释仅一孔之见，聊供读者参考而已。不过，我在编著《近现代汉语辞源》（上海辞书出版社，2020 年）时，处理了 43000 多个条目，总体印象我们创造的词比较俗，但来到中国的日语借词这个问题不明显。当然对此作进一步讨论，已不是本文的内容，这里只是简单提及一下，待以后有机会再作深入研究。

为"推辨"，把演绎译为"明辨"，确实有些莫名其妙。"推辨"更像是推理或推论。而"明辨"具有多义，显然不大适合当作术语来使用，因为术语最好避免多义性。

严复的"内籀""外籀"，"籀"显然过于古奥，有几人能识其音，又有几人能解其义？"籀"有读书、讽诵之意。这里显然并非此义。此处实际上是用了借为"抽"的假借义，是向内抽取、抽绎和向外抽取、抽绎的意思。严复显然心目中少了大众，只想到熟稔四书五经的文人雅士。在与稍稍通俗些的"归纳""演绎"竞争时，不失败才怪！

据我们所见，更有许多是过于土、俗，欠缺斟酌推敲，像是民间大白话，不像术语。例如大乐（日：交响乐）、闹音（日：噪音）、债票（日：债券）、土股（日：半岛）、长虫（日：绦虫）、城总（日：市长）、铁杆（日：避雷针）、列阵船（日：战列舰）、眼珠衣（日：角膜）、野兽园（日：动物园）、发身期（日：青春期）、得胜碑（日：凯旋门）、水渣石（日：沉积岩）、海王宫（日：水族馆）、贵动物（日：高等动物），等等。括号内的日语借词，虽然不算很雅，但也不俗，在雅俗之间，取了一个中间值，或者说它们比较"文"，或比较稳重，在雅词之下，又在俗词之上。对于社会上的使用者来说，精英阶层重视雅词，轻视俗词，但普通阶层则相反，俗词或许更受青睐。最后，两个阶层相互妥协，兼有雅俗二者的词便是双方的选择。所以日本创制或采用的这些词能在中国使用开来。

## 参考文献

傅泛际等，1631. 名理探，台湾商务印书馆。

严复，1898. 天演论 自序，严译名著丛刊（第 1 册），商务印书馆。

陈高第等，1898. 大东合邦新义，大同译书局。

梁启超，1899. 汗漫录，岳麓书社。

汪荣宝等，1903. 新尔雅，明权社。

严 复，1905. 穆勒名学（部乙），严译名著丛刊（第 8 册），商务印书馆，p7，11。

赵咏清，1907. 东游记略，日本政法考察记，上海古籍出版社。

鲁 迅，1907. 科学史教篇，鲁迅全集（第一卷），人民文学出版社。

严 复，1909. 名学浅说，严译名著丛刊（第 7 册），商务印书馆，p6。

陆尔奎等，1915a. 辞源·辰集，商务印书馆。

陆尔奎等，1915b. 辞源·巳集，商务印书馆。

中华书局，1921. 汁音新辞林·子集，中华书局。

舒新城等，1936. 辞海，中华书局，1936。

大久保利谦，1981. 西周全集（第 4 卷），宗高书店，p23，106，149。

孙中原，1983. 墨家逻辑中的归纳问题，《哲学研究，》第 8 期，p61。

王 栻，1986. 严复集（第 2 册），中华书局。

周云之，1988. 论先秦演绎推理学说的发展和完善，《江西社会科学》第 5 期，p65-66。

罗竹风等，1990a. 汉语大词典（第 5 卷），汉语大词典出版社，p374。

罗竹风等，1990b. 汉语大词典（第 6 卷），汉语大词典出版社，p108。

徐中舒等，1992. 汉语大字典（缩印本），湖北辞书出版社、四川辞书出版社，p1259。

杨必仪，1995. 明清时期西方逻辑两次传入中国的比较，《重庆教育学院学报》第 4 期，p19。

李　廉，1996. 亚里士多德的归纳逻辑，《学海》第 3 期，p41。

璩鑫圭等，1997. 中国近代教育史资料汇编·教育思想，上海教育出版社，p303-304。

刘　星，2006. 从《名理探》看西方科学理性思想与中国传统文化思想的初次会通，西南大学硕士学位论文，p37。

张西平等，2011. 简析《名理探》与《穷理学》中的逻辑学术语——兼及词源学与词类研究，《唐都学刊》第 2 期，p108。

（黄河清　huang.1958000@163.com）

# Traceability of "guina" and "yanyi"

## HUANG Heqing

**Abstract** In ancient times, the two words "guina" and "yanyi" have existed in Chinese , but their referents do not have modern meanings. "Guina" used to refer to induction and "yanyi" of deduction come from Japanese. In 1870, the Japanese thinker Nishi Amane first used 帰納 and 演繹 to translate induction and deduction in the 百学連環（*Encyclopaedia*）. After the two words had matured and finalized in Japanese, they were introduced to China approximately 20 to 30 years later. The earliest example of using these two words in Chinese can be found in a Japanese-Chinese translation by Chen Gaodi and others. At the same time, the Chinese translator Yan Fu created neizhou（or neidao） and waizhou（or waidao） to translate induction and deduction. However, in the competition with "guina" and "yanyi", these words were eliminated.

**Key words** induction;　deduction

# 字母词的再分析与新应对 [1]

## 史有为

日本 明海大学　中国 南昌大学

**提要：** 字母词存在名称方面的问题。含字母的语词可以从字符形式、与原词对应、来源语言、语义类型或指向、语词的专业性、语词实际读音、规范性与稳定性、应用、可否独立表示语词等9个方面探讨其复杂性。字母缩略词的特点可以从对应率、透明度、同质度、简易度、脱略称化、国际性等6个方面去认识。字母词对今天的语言生活是一项挑战。我们必须从加强规范、完善"汉语拼音方案"以及超前研究等三方面去应对当前的挑战。

**关键词：** 字母词　缩略词　汉语简称　字母词的挑战与应对

## 一、字母词的现实与名称

今天，含有字母的语词已经形形色色地登上了中国的舞台与汉语的舞台，可以说花样百出，各显其能。而中国公众所议论的"字母词"，其实早已不够准确，不能涵盖所有的样式。照理说，字母词是指全部由拉丁字母构成的词，以区别汉字词。然而从许多人使用并指称的对象，并非如此，更宽了许多。因此《现代汉语词典》附录才取其主要，称为"西文字母开头的词语"。然而附录里有以"汉语拼音方案"拼写并缩略的词，如 RMB（人民币），HSK（汉语水平考试），算什么？拉丁字母不是已经成为汉语法定字母了吗，还算西文字母吗？当然，"字母"一语是中国自创的，古代早已出现。唐末已经有守温和尚三十字母，之后又有三十六字母之说，但指的是声母。为区别而冠以"西文"也可理解。但在当下语境里，字母肯定是西来的，"字母"二字足矣。

再说，这些字母组合大都是简缩形式，已经成为囫囵个儿的词。按照当代的观念，一串音符或字符用来专门指称某个事物，具有了专属性或专指义，那该音符/字符组合即为词汇层面的词，可以不用称呼为"词语"。而且，所有的短语在被简缩以后就都"被迫"词化了。词化不仅存在于历时语义或用法演变中，也存在于瞬时的简缩中。有些新词或新造的短语，一诞生就给出简缩形式，比如当手机技术进入第二代（2G）时，产生了 time division multiple access（时分多址技术），并同时就简缩为 TDMA，免去了更长的演化过程。

---

[1] 笔者在第 13 届全国汉语词汇学学术研讨会（2021.4，济南·山东师大）上做了同名报告。本文系据此扩充而成。在成文过程中得到周刚教授很有价值的建议，特此致谢。

有鉴于此，《新华外来词词典》就将字母开头的词集合在一起，称为"字母起首词"。但仅仅以起首作为标准显然缺乏合理性，也不能涵盖所有含有字母的相关语词，例如"卡拉 OK"和"5G"这类形式。因此，可以将部分甚至全部以字母参与构成的词合称为"**字母参构词**"。与此相对，由汉字构成并不含字母的语词称为"汉字词"，这样就在逻辑上更为严密了。汉字词是中文原有的形式，相对于此的"字母参构词"则不免多多少少在外形上"非我族类"。但是为了称说方便，还是可以再利用"字母词"这个术语：全字母构成的为"狭义"字母词；在特定的无误解的场合下，也可以指"字母参构词"，成为"广义"字母词。

## 二、字母参构词内部的复杂性

广义字母词的内部非常复杂。我们拟从 9 个不同角度来盘点在此范围内的各种类型，以利今后的应对。

**1. 从字符形式上看**，有两种情况：

**A.** 全字母的构成。如：OK（同意；完成）、GDP（国民生产总值）、WTO（世界贸易组织），为了周严，可以称为"全字母词"。

**B.** 夹有字母的构成。如：阿 Q、T 恤、卡拉 OK、5G。其中的字母可以处于各个位置、与汉字或数字混合组成。还有些表面为数字，实际却是英语词，如 C2C（客户对客户，2=to，对）。可以合称为"含字母词"。

**2. 从字母参构词与原词对应来看**，也有两种情况：

**A.** 字母缩略词。简称缩略词。如：AI（人工智能）、CT（计算机层析成像）、MBA（工商管理硕士）、U 盘/USB，通用串行总线）。

**B.** 非缩略词。有几种情况：一种是截取字母表的形式，但极少，如 ABC（入门常识）。另一种则是通常的词汇形式，如：no（不）、case（案项）、out（过时）。它们在使用过程中，有些会逐渐被汉化，如 high（兴奋）被汉字"嗨"所替代，hold（掌握）也从英语的[həuld]读音逐渐汉化成汉语音"hōu"，那个-ld 尾巴终于甩掉了，只要找到了容易读写的汉字，预计 hold 也会被汉字所替代。

**3. 从来源语言看**，也有两种情况：

**A.** 源自西语。如：pH 值（氢离子浓度指数）、LED（发光二极管）、APEC（亚太经济合作组织）。它们都是来自西语原文的外源字母词，没有被汉化。在汉语母语者心中一直将它们当做西语形式，并未完全视为汉语的词汇。因此，其性质是最邻接西语的"准外来词"[2]。

**B.** 源自汉语。如：RMB（人民币）、HSK（汉语水平考试）、CCTV（中国中央电视台）、YY（意淫）。它们基本上是汉语词按拼音首字母缩略而成的形式，数量较少，而且大都是对外的，是"外转内销"。也有的只是用于技术标准或产品的编号，如 GB（[中国]国家标准），并非真正的 word。但也有个别的是在 1949 年前构成的形式，"阿 Q"就是典型的一例，Q 在鲁迅时代用的是西方习惯对应汉语的音，无所谓送气与否。鲁迅对应的是"贵/桂"的声母，而非现在汉语拼音"器"的声母。

---

[2] "准外来词"是一种打破传统二分的类别。有两种准外来词，一种是靠近西语的，即上述字母词。另一种是靠近汉语的"准外来词"，即来自日语的汉字词。这样就可以表现外来词系列的实际的连续统形态，避免为归属而生的无谓争论，把有限的研究精力放到更有实际意义的地方。

**4. 从语义表达或指向看**，也有两种情况：

**A.**表示通名。如：IQ（智商）、CEO（首席行政高管）、X 光（伦琴射线）。这一类包括日常语词与科技术语的简缩，具有通用性指称的特点。

**B.**表示专名。如：WHO（世界卫生组织）、USA（美国）、OPEC（石油输出国组织）。这一类包括地名、国名和机构团体名的简缩，具有指称唯一性的特点。

**5. 从语词的专业性看**，也有两种情况：

**A.**专业词。如：DOS（磁盘操作系统）、CDMA（码分多址，用于数字通信技术）、PSA（前列腺癌抗原标记物）、K 线（证券价格走势线）。这一类基本限于专业人员使用。专业词中有小部分会随着专业性事物的普及而转化成非专业词，如 CT（计算机断层扫描分析）、B 超（B 型超声波诊断仪），已经成为人们日常用词。

**B.**非专业词。如：VIP（贵宾）、KTV（卡拉 OK 包厢）、AA 制（平均分摊或各算各的账）。这一类是普通百姓在日常生活中都可能使用的。

**6. 从实际读音来看**，有不同的两种情况：

**A.**西语习惯读音。绝大多数按英语字母名称音去读，如 WTO 读为[dʌbliu:-ti:-əu]；少数按西文语词的拼读法去读，如 APEC 读为[æpek]。当然，所读的英语音是否标准则另当别论。这也为字母词的身份之争埋下了伏笔。按理说，如果是汉语的用词，为什么还用英语字母读音，汉语拼音方案不是有规定的名称音吗？

**B.**汉语原词读音。大部分都读成汉语原词，如有些网文里非规范性的 YY 和 TM，会读成"意淫"和"他妈（的）"。这些字母形式中有些比较低俗，偶尔也会故意回避不读，只用于书面表示。

**7. 从规范性与稳定性来看**，也有两种情况：

**A.**官方或权威者发布，具有规范性与稳定性。如：APC（复方阿司匹林）、PPT（一种电脑演示文稿图形软件）、MP3（第 3 代数字音频压缩格式的装置）。它们大都来自西语文化产品或媒体。西方官方对此大都没有明文规范，但已约定俗成，形成事实规范，因此也具有稳定性。

**B.**民间自发产生，带有随意性和不稳定性。如：YY（意淫）、TM（他妈）、MM（妹妹）、瑟瑟发抖（SSFD）。它们都是非规范的，大都是年轻人受到西语字母词的影响对汉语书写的一种反应，是一种自发的文字玩弄，绝大多数是随意的。在深层次上反映了年轻人不甘于现状，是对汉语文规范的一次挑战。例如 MM 何尝不能认为是表示"妈妈"？YYDS 说是"永远的神"的缩略，但别人可能会以为表示"一衣带水"。

**8. 从应用来看**，也有两种情况：

**A.**可以用于正式场合或传统媒体。如：USA（美国）、RMB（人民币）、PDF（受到保护、不可变更的电子文件格式）。它们的使用范围广，在正式与非正式场合都可以使用。

**B.**限用于非正式场合、自媒体或某些新媒体。如：TM（他妈[的]）、SSFD（瑟瑟发抖）、MDZZ（妈的智障）、WJYP（违禁药品）。这些形式里有许多是不登大雅的，只能在微博之类自媒体或某些新媒体里偷着亮相。

**9. 从可否独立表示语词的方面看**，也有两种情况：

**A.**可单独表示确定的语词。现在纸媒体上出现的字母参构词基本上是这类情况，无须配合该词的录音或原词。它们即独立语词的本身。如：IQ（智商）、DIY（自己动手）、RMB（人民币）。

**B.**必须依靠语音才能表示确定的语词。这些形式大都源自汉语，只是配合视频的说明文字（字幕），或者必须有超出传统的语境依赖，否则无法正确理解。如：M 国（美国）、J 卫（警卫）、T 治（统治）、医 W 人员（医务人员）、JB（剧本）。如果没有有声解说，根本就让人丈二和尚摸不着头脑。它们具有极强的附属性和不正常性，也有显著的临时性和不稳定性，随用随弃。例如：看见"B 权、省 B 级"，还以为相对于 A 权和省 A 级的次一等级，其实是表示"霸权"和"省部级"。又如：将美国写成"M 国"，而同文本的另一处，或另一个文件里就写成"美 G"或"MG"。这些也都反映了当代年轻一代玩耍语言文字的态度与处世价值观。

字母参构词的复杂性主要就这九个方面。认识它们的复杂性，才能认清当前汉语面临的乱象，才能清醒地看到挑战。

## 三、字母缩略词的特点

在汉语中，字母参构词或全字母词的最大部分就是字母缩略词（简称缩略词）。缩略词的特点是相对于全称以及汉语简称这两个维度而言的。可以从对应率、透明度、同质度、简易度、脱略化、国际性等 6 个方面去认识其特点。

1. **对应率**。缩略词（或简称，二者可统称"略称"）与全称的对应或比率即为"略称-全称对应率"（简称"对应率"）。对应率涉及对语境依赖的程度，也涉及认知效度与交际效度两个相关方面。

对应率有两个不同对应范围。一个是每个可分离字符与所对应全称词之比所得到的"部件对应率"。例如 CP，其中的 C 和 P 分别对应的可能英语词，各自都可能会对应上百个，或与几十、上百个词相联系。但更重要的是另一个对应范围，即略称词整体与所对应的全称词之间的"整体对应率"。我们讨论的就是后一种对应率。

整体对应率的最大数值是 1。略称形式所对应的原词越少，就意味着就越容易确定全称词，其对应率就越接近于 1。对应率为 1 是最理想的目标，意味着一个略称词只对应一个全称词，百分百的确定，没有歧义的可能。

字母缩略词与全称大都是一对多，很少会一对一。这是因为拉丁字母只有 26 个，以此书写成的缩略词，也随着组合字母的多少而与全称的对应呈反比例。单字母对应的全称可能几乎成百上千。而双字母组合则对应急剧下降。以 CP 为例，已经降到对应 90 余个全称词。例如：

CP＜Cadmium pollutio（镉污染）

CP＜Canadian Pacific Railway Limited（加拿大太平洋铁路公司）

CP＜cerebral palsy（脑性瘫痪）CP＜character pairing（动漫里的人物配对）

CP＜Circuit Probing（晶圆测试）

CP＜Cloud point（浊点）

CP＜Code page（代码页）

CP＜Command Post（指挥所）

CP＜Command Processor（命令处理器）

CP＜Commercial Paper（商业票据）

CP＜Commercial Press（商务印书馆）

CP＜Communist Party（共产党。中国 1921 年至 1940 年前后使用）

CP＜Conference Paper（会议文件）

CP＜Conservative Party（保守党）

CP＜couple（情侣）/coupling（情侣配对）

CP＜coterie partner（影视里的同人配对）

CP＜Crude Protein（粗蛋白）……等等。

这样算来，CP 的对应率至多是 1:90=0.0111，很低很低。

双字母形成的缩略词，缺点很明显，对应的全称会很多，对应率太小，不容易确定究竟对应哪一个全称，必须极大地依赖语境（如行业圈）。或者说，离开某个专业圈，就可能有几十个可能对应词。如果没有具体语境，其对认知效度与交际效度的影响可想而知，甚至会造成交际混乱与无效。

三字母缩略词的对应率则比双字母缩略词高出一个等级。例如 TPP，仅 5 个对应词：

TPP＜Trans -Pacific Partnership Agreement（跨太平洋伙伴关系协议）

TPP＜Target Product Profile（目标产品概述）

TPP＜The Phoenix Partnership (Leeds) Ltd （英国的一家全球化的智慧医疗科技公司）

TPP＜ The Potential Project（安卓软件）

TPP＜Triphenyl phosphate（阻燃剂磷酸三苯酯）

这样，TPP 的全称词对应率就是 1:5=0.2。因此也就比较容易在语境支持下表达所需词。

如果再加两个字母：C 和 P，成为 CPTPP，对应降至一个全称词，对应率为 1:1=1。完全可以脱离语境单独表示下面的全称：Comprehensive and Progressive Agreement for Trans-Pacific Partnership（全面且先进的跨太平洋伙伴关系协定）

如此看来，四或五字母词似乎才是对应率的完美。然而，字母越多就越不容易记忆，并与字符的经济性发生矛盾。这无疑是个左右为难的难题。如果翻看一下字母词词典，发现最大量的恰恰是三字母词。这就是说，人们自然选择了三字母为主要形式。因为字母词大都有明确的使用专业或场合。在一个话语领域里，三字母词完全足够，不会引起误解。

另一方面，字母越少，越容易相互混淆；反之亦然。双字母缩略词最容易与类似缩略词相混，比如 CP 假使记不清楚的话，往往就会误认是 PC，会造成交际混乱。而且 PC 也有多个对应词语，会造成加倍的混乱。例如：

PC＜personal computer（个人计算机）

PC＜polycarbonate（聚碳酸酯，一种工程塑料。可以制成 PC 板，即 polycarbonate board，也称卡普隆板）

但是，出于某些场合（例如奥运会、email 国家/地区域名或航空公司的代号）的要求，有些略称必须以双字母出现，因此也常常会造成认知的困扰。

对比一下汉语：从对应率上看，字母缩略词与汉语简称相比，其实并没有多大优势。汉语大多是二字简称，甚至也可以一字简称。二字简称中的每个字各自的对应率都很高，很容易联想，组合在一起的对应率大都可以达到 1。只有少数可能对应 2 个全称词。也就是说，汉语简称对语境的依赖程度大大低于字母词。例如：

京＜北京；津＜天津；甘＜甘肃；藏＜西藏

北大＜北京大学；邮编＜邮政编码；地铁＜地下铁道

爱委会/爱卫会＜爱国卫运动生委员会

新冠①＜新冠病毒（＜新型冠状病毒）；②＜新冠肺炎（＜新型冠状病毒肺炎）

人大①＜人民大学；②＜人民代表大会

密接＜（与新冠病人或核检阳性者的）密切接触者。（vs. 非密接＜非密切接触者）

进入可能多个对应时，汉语一般会自动规避。例如：

南京大学→南大；南开大学→南开、南昌大学→昌大

进入专业领域后，有时还不得不借助西语缩略词的音译来创造汉语的简略名称。例如：

猫＜MODEM＜modulayion demodulation machine（调制解调器）

优盘＜USB＜universal serial bus（通用串行总线）

艾滋病＜AIDS＜acquired immune deficiency syndrome（获得性免疫缺陷综合症）

显然，汉语简称在认知效度与交际效度上高于字母缩略词。

2. **透明度**。透明度即语义透明。每个字符以及整个缩略形式直接显示语义的可能与程度称为透明度。透明度涉及语词的认知难易度，也涉及记忆难易度。

每个单独的字母基本不具有意义，不对应语素。除了 A 可以表示一些意思外，其他字母都没有词的功能，顶多作为缩略形式成为某些词的替代，如在语言学中 V 代表动词（verb），N 代表名词（noun）。某些字母也可以作为科技方面的一些特别设定，如 X 表示未知数，Y 表示另一个未知数。即使多字母缩略词，它们在表面上也无法与全称固定对应，它们之间的对应是建立在硬性规定上，而不是表面能否一眼见到语义。因此，字母词的透明度几乎为"零"。这是字母词的缺点之一。

与透明度相联系的是"易于记忆"的程度。有字面意义的支持，透明度就高，也就容易理解、容易记忆。反之，没有字面意义的支持，透明度就低，也就难以理解、不易记忆，而且常常会弄混。像 TPP，不容易记清楚，容易记成 TTP。反而是谐音调侃的"踢屁屁"让人印象深刻，容易记住。对于不怎么懂英语的人来说，要记住 TPP，只能死记硬背，囫囵吞枣。这对于普通老百姓来说，无疑是不受欢迎的。如果碰巧遇到下面的情况：

OECD＜英.Organization for Economic Co-operation and Development。

OCDE＜法.Organisation de coopération et de développementéconomiques。

同一个"经济合作与发展组织"，却有两个字母词，对于中国民众来说，确实不受欢迎。

对比一下汉语：汉字是一种语素-音节文字，表意是它的最大特点。基本上每个汉字都是有意义的语素，简称的几个汉字放在一起也很容易形成意义组合的印象。例如：

军演＜军事演习

爱卫会＜爱国卫生运动委员会

经合组织＜经济合作与发展组织

因此，汉语简称的透明度比较高，有一望而知的效果，非常容易联想、容易记忆。

显然，汉语简称在认知难易度上大大优于字母缩略词。

3. **同质度**。所论字符与所处语言的主体字符相同的程度就是同质度。同质度涉及字符突

显度，而后者又涉及读者或听者是否容易捕捉到该字符发出的信息。

字母词虽然与汉语拼音同样是拉丁字母，但在汉字为主体的文章中，依然非常特殊，明显是"非我族类"的异质，与汉字不具有同质性。因此通行会受到困难。这种"异质"又恰恰是它的优点，可以突出它的存在，起到区别鲜明的作用，不容易被忽视。

对比一下汉语：汉语简称是与汉文最"同质"的，因此也就很容易在全民中通行。而简称所用汉字更提高了同质度。字母与汉字的异质性是明显的，但要说明何以异质却并不简单。确定某字符与汉字（指现代汉字楷书）是否同质有以下 5 个学理辨别标准：

(1)是否符合汉字楷书的 8 种笔画（横、竖、撇、点、捺、折、提、钩），其中前 6 种尤具根本性；

(2)是否具有表语音或表语义的分工构件；

(3)是否具有汉字的组合架构与方块外形；

(4)是否基本上承担某种实或虚的语义；

(5)是否表示以音节为计算单位的语音。

其中第(1)条最具普遍性与根本性。如果不具有第(1)条，就无须再讨论以下 4 条。这样就很容易区别出字母、假名、谚文与汉字的区别，还可以区别开包括"0/〇"[3]在内的阿拉伯数字。

由上所述，字母缩略词显然比汉语简称更容易被关注、被捕捉。

4. **简易度**。语词是否简短并易于表达即为"简易度"。简易度高，就容易流行。简易度涉及的是交际效度。

易于表达有口头与书面两个方面。字母词，显然在书面上容易书写。但是在口头上却相反，并不如想象的容易：不但不容易读，还不容易读对。例如 APEC（亚太经合组织），并非习惯的分字母读，而是整体拼读（即按英语全称词那样的拼读），读成[æpek]。又如 RCEP（区域全面经济伙伴关系），存在两种读法，一种是分字母读法，用英文名称音读成[ɑ:-si:-yi:-pi:]；另一种又是混合型读法，字母名称+拼读，读成[ɑ:-sep]。这些读法都没有刻在 RCEP 上，很难推测。

至于来自汉语的 HSK 更是让人尴尬，明明是汉语拼音的缩略，却要用英语字母的名称音去读。

进入专业领域，长长的术语往往都很长。用汉语来简缩，很难简缩成二三个字，有些甚至无法简缩，显示了汉语在汉字支持下的短板。请对比：

世界卫生组织→世卫组织 vs.World Health Organization→WHO
计算机辅助设计→？？vs. computer-aided design→ CAD
磁盘操作系统→？？vs.disk operating system→ DOS

字母词与汉语简称都简短，细分析却并不同。汉语简称，长短不一，书写比较麻烦，但读音却相对简单，没有字母词的困扰。例如：

北大（＜北京大学）vs. PKU（＜英.Peking University）

---

[3] 汉文数字中以"〇"代"零"，但并非小写。"〇"只是阿拉伯数字为适应汉字阵列的方块化，不具备汉字的基本笔形，因此并非汉字。参见史有为《"〇"之辩：回看与思考》（香港《语文建设通讯》123 期，2021），史有为《"〇"是汉字吗？》（公众号西去东来中传，2020.8.16）。

亚太经合组织（＜亚洲太平洋经济合作组织）vs. APEC（Asia-Pacific Economic Cooperation, 缩写 APEC）

汉语简称有时也有其长处，有些简称反而比字母缩略词有更大的简易可能。例如：

阿塔＜阿富汗塔利班 vs. 英."？"＜Taliban in Afghan/ AfghanTaliban

巴塔＜巴基斯坦塔利班 vs. 英."？"＜Taliban in Pakistan/Pakistan Taliban

以此来看，字母词与汉字简称似乎打了个平手，都比较简易，但又各有短长。

5. **脱略称化**。脱离原来与全称/原词的联系，而以一个非简称/非缩略的普通词汇单位身份出现，这就是脱略称化。脱略称化也涉及字符的交际效度。

缩略词与简称都是相对于全称或原词而言的。但字母缩略词基本上永远处于缩略词的地位，因为它的形式永远是无词汇意义的字母，无法从中看到有什么词汇的构造，而且基本上也是以字母名称音去发音。尽管有个别词可以读成拼读音（如 APEC、RCEP），但仍然无法窥知其丁点儿词义。因此很难脱离略称地位而成为具有通用构词形式的普通词汇单位。

而汉语简称则不同，有一类通名简称就是以提取语义代表性特征而构成的，往往用着用着就慢慢脱离了全称词语，切断了与全称的联系，磨掉了简称的印记，很容易发展成独立指称的"词"。这是与字母缩略词不同的一面。许多汉语词就是经过如此渠道加入进来的，有些词到现在连是否曾是简称都难以确认。例如下面这些都已成为普通语词，没有人再会关心它们来自哪个全称。它们可以按照汉语构词法去分析，在结构上与原称并无二致。例如：

沧桑（＜沧海桑田）

特务（＜特别任务）

关爱（＜关心、爱护）

文工团（＜文化工作团）

武工队（＜武装工作队）

因此，在这个方面，许多汉语简称可以直接理解，不必经过回到全称这一过程，显然在交际效度上优于字母缩略词。

6. **国际性**。字符形式在国际交往上是否得到普遍认可与广泛使用即为"国际性"。国际性是通行度在更高维度上的表现，也即世界范围内的通用度。

进入汉语的字母缩略词基本上是以英语为背景形成的。英语目前是最具国际通用性的一种语言。许多科技理论或发现发明都以英语为沟通与发布语言。英语世界也实际主导着话语权。因此，字母缩略词也带有更多一些权威性、国际通用性与国际认可度。使用英语来源的字母词不但稳定性强，而且可以通行世界，国际间交流无碍。如外国人进入中国，一见 CBD（中央商务区）、CEO（首席执行官）、ETC（电子收费系统）、CPU（中央处理器），就无须再翻译或解释；而中国人在外一旦有事，发出 SOS（紧急呼救），也会得到及时响应。

汉语目前仅仅是地区性语言，距离英语所达到的国际性程度还很远。二者在这一点上不能相提并论。因此，在考虑字母词应用时必须以此为背景。

由此看来，字母缩略词在国际范围内的交际效度大大优于汉语简称。

同一般词汇一样，字母词与汉语简称还有时间性、行业通行度以及稳定度的问题。这些并非它们的特点，而且也没有突出的表现。因此，这里就不再多费笔墨。

以上 6 项，其中最重要的是第 6 项"国际性"与第 1、2 项的"对应率、透明度"。这三项实际上是矛盾的，有冲突的。这是两个不同方向的拉力。而语言发展恰恰需要在此不同拉力之间保持一个适当平衡，采用"张力"处理才符合本语言群体的最大利益。我们应当放弃传统的一面倒、一刀切、一点论的思维模式与方法。

## 四、字母词的挑战

**1. 晚清至"文革"时的微波荡漾。**语言交流大多伴随有文字交流；语言接触，也大多伴随有文字接触。语言接触时，双方实际上是一种政治、经济、军事、科技、学术等的文化比较，有时甚至是文化较量，弱的一方或缺少的一方必然会自动或被迫地引进对方的某些语言或文字成分。有时则是对某个场景中的强势语所作的无奈或自愿的接纳。语言是一种很现实的工具，除非有强力的干预，才会迫使它改变走向。中西交流就是这样。拼音字母如同异域风俗乐舞，当然也会吸引中国，会逐渐吸纳入中国。但由于中西语言文字的差异，这些字母缺乏与汉字共存共处的社会条件，因此，直到19世纪末随着现代科技的依托，少量西文字母与半字母词才开始出现于中国。这主要是化学元素符号与科学术语的半意译形式。张铁文（2013）介绍了清末该时期的情况：

"1. 化学领域：1868年《格物入门》一书系统介绍了元素符号表示法，书后的对译表中有"铜Au、养气O、淡气H、白银Ag、炭精C"等。

"2. 物理领域：1897年《西学大成》出现了"D线"（夫琅禾费线的钠吸收谱线）。1898年《光学揭要》出现了"X线"。1899年《知新报》出现了"X光"。1903年《新尔雅》收录了"X光线"。1906年《近世物理学教科书》中出现N极、S极、CGS法（CGS，当时的三个主单位厘米、克、秒的英文首字母缩写）等字母词。"

1919年前后的新文化运动，尤其是二战结束，极大地促进了西方科学文化与各类商品进入中国，带来了大批西源借词或意译词，同时也输入了一些字母词。由于这个阶段引进的主要着眼点在通常意义上的语词，而英语又尚未形成世界都认可的国际通用语，又由于中国文字传承规范是汉字，拉丁字母尚未为中国前提民众所认可，因此字母词虽然有进入，但始终是附带的，不起眼的。

1958年中国立法通过了汉语拼音方案，但要全民接受、熟悉还要一个过程。加之1976年之前国内动荡不断，中国被迫闭关与西方对中国封锁二者叠加，因此在字母词引进的形势上并未形成质的改变，仍可与此前连成一个阶段看待。

**2. 改革开放引起的云水激扬。**1978年改革开放后，中国开始出现语言文化交流的质的变化，其中主要有如下四项：

(1)在改革的支持下，中国逐步地全方位对世界开放，国际交流得到加速并加强，中国已经逐渐成为各种国际会议的重要参与者。

(2)国内工业、科技与基础学科逐渐得到长足的发展，电脑等信息技术逐步普及，媒体数量与品种逐步增加，各种新媒体异军突起，并有亿量级的新媒体使用者。这一切都促进了国际交流。

(3)海内外文化交流加速，留学与归国并进，以及与港澳台交流，带来了各个方面新的语言使用习惯与使用风格。

(4)汉语拼音方案得到实质性的普及并应用；外语教育得到恢复并加强，年轻一代的外语水平以及与国外交流的水平逐年提高。

这四者使得中国社会的现代化与国际性得到飞速的提升，今非昔比。在这种形势下，字母应用与字母构词便出现了全新的态势。据《新华外来词词典》（史有为主编）附编的"字母起首词"，已经收录了超过 2000 条该类字母词。这对传统的汉字生活构成了挑战。

**3. 当今面临的挑战**。约从 21 世纪开始，一股字母应用新潮在不知不觉间慢慢兴起。以下六项挑战，都是实实在在的。

**挑战之一：**西源规范性字母词数量剧增，使用过度扩展，往往在没有首见注释的情况下就全文使用，常常让人不明所指，影响交际。有些字母词甚至是"中国制造"，例如 intellectual property（知识产权），被中国缩写成 IP。[4] 又如 nobody cares（没人在乎）被当今的粉丝圈缩写成 nbcs，成为饭圈文化的标记之一。

**挑战之二：**英语原词形式（包括歌曲和人名）逐渐进入汉语。这是个严重的信号，不可忽视。原因有二：

其一是境外语言习惯的影响。有受港台和日本娱乐界的影响，歌词中夹杂英语词甚至英语句的现象，以显示时髦与前卫。有受当今办公室用语的影响，将英语原词用英文形式借入日常用语，成为时尚。例如 high、hold、call，就是如此。

受香港、新加坡等地的影响，企业、公司里的白领竞相给自己起洋名，以示时髦。

其二是中国的教育出现疏漏，许多年轻人因分辨能力不足而导致对民族文化缺乏信心，并借国际化之名，行破坏中文规范之实。

**挑战之三：**源自汉语的西语式的字母缩略词逐渐被一些年轻人所模仿，将汉语词也如此打扮，窜入部分新媒体，影响中文的纯洁性。例如：TM（他妈[的]）、BD（病毒）、YYDS（永远的神）、AWSL（啊我死了）、hhhh（哈哈哈哈）。它们大都是网络流行语，起初往往带有年轻人小众流行文化的标签，也有标榜个性、界定自己的群体归属的作用，甚至有类似"暗语"的用处。这些字母形式多在普通文字里夹用，有的可猜测，有的则难以推测，近似于小圈子的"暗语"。大概只有部分年轻人才能完全看懂它们。这些形式大都只是短时之用，有较强的"临时性"。但对汉语原有的简称与文字形式发出了明确而严重的挑战。

**挑战之四：**汉字（汉语语素）被任意用字母替代，字母的用与弃随心所欲，到处乱窜。例如：Y 苗（疫苗）、L 金（捞金）、封 S（封杀）、M 国/MG（美国）、血 L 淋（血淋淋）、FD 分子（贩毒分子）。它们主要出现于视频的字幕中，必须与有声解说配合才能知道缩略自哪一个语素，虽然这还限于辅助性的字幕，但已形成风气，如此挑战不容忽视。

**挑战之五：**汉语拼音字母的名称音已经事实上被英语字母名称音所取代。汉语拼音方案有多处已经事实上失效或无效[5]，相关的拼音正词法也有许多规定由于没有反映汉语的特点而面临挑战。

**挑战之六：**从深层次角度看，字母词的扩张，实质上就是对汉语汉字的地位甚至生存的

---

[4] 英语国家的人根本不说 BP，一般只说(pocket) pager。BP 机是对台湾哔哔机或 BB-call 的自以为是的改装，是个伪外来词。西方也不说 IP，只用全称 intellectual property。IP 似乎专对应（Internet protocol，因特网协议），用于网络的 IP 地址、IP 电话和 IP 卡（网络电话储值卡）上。

[5]《现代汉语词典》（第 5/6/7 版）在给"西文字母开头的词语"注解时说"在汉语中西文字母一般是按西文的音读的"。游汝杰（2021）也指出"用英文字母读音替代汉语拼音方案的字母读音"的现象

一种挑战，也是对单语生活的一种挑战。我们必须从战略高度认识这一现象。

## 五、对字母词挑战的应对

1840 年以来，中国遇到了三场文化大挑战。当中国遇见早一个世纪工业化的西方，有人因醉心于西方的拼音文字，而对汉字丧失信心，梦想"文字革命"把汉文改为拼音。当中国遇见早几十年就西化就实现现代化的日本，借着汉字的方便，中国大规模地引进了日译汉字词。而当中国决定放弃西里尔字母，转而采取拉丁字母作为拼音方案时，当我们越来越加力推行英语教育时，当我们努力投入全球化时，我们就应该预见今天会大量引进英语的字母词[6]。然而，我们的预想与应对都太过滞后。

我们必须承认一个事实：随着中国开放，随着与世界的接触，随着英语教育的大力提升，随着人们的世代更迭，汉语发展了，也改变了。单语生活的中国正在走向多语生活。汉语的纯洁是一个必需，外来语言成分的引进也是一个必然。二者的拉锯将会是长期的。字母词的引进与使用并非可以随时终止。汉语需要字母词，需要字母词所显示的国际性功能。我们必须在语言应对上有当代观和全球观[7]，只有这样我们才能具有合理的未来观。

面对以上种种，我们可以考虑采取下列应对措施：

1. **加强规范**。必须建立柔性规范观念，并实行有效的语文规范制度。唯有柔性规范才能应对适合复杂的语言生活。柔性规范包含稳定而又与时俱进，弹性而有宽容度，非一刀切，以及分层规范等多项内涵。由于汉字与字母词有本质上的不同，矛盾不可能根本性或一蹴而就地解决。规范将呈现探索性、长期性的特点。具体而言，有下列建议：

**(1)**大多数字母词都是专业性或专门性很强的。科技部门、科技人员在本领域内使用此类字母词具有必要性与便利性。因此应尽量不干预专业层面字母词的使用。

**(2)**所有国内通用性报刊、正式文件，所有的公众场合，尽量使用汉字简称。如果需要使用字母词，可以在首见时采取"加注式"，即在字母词后面以括号形式加注汉字称呼，如 VIP（贵宾）、ATM（自动柜员机）、WiFi（无线传输）。需要时也可以在汉字词后以括号标注西语词或字母缩略词，如：优盘（USB）、重症监护病房（ICU）。

**(3)**日常需要的场合，尽量设法寻找字母参构词的汉语替代形式。在找到更合适又简便的词形之前，必须认可并接受它们。如 P 图（P＜PS＜Photoshop，一种修图软件，图像处理），可以改称"修图"或部分音译为"批图"。又如 LED 灯，至今没有对应的汉字名称，但可以设法主动命名。我们应该改变过去习惯的被动应对的策略。

**(4)**为纯洁汉语，抑制不良风气，可以制订下列规范条例：

其一，为中国人创作的歌词或诗歌里，非特殊必要，禁止出现字母词、西语原词以及西语句子。

其二，非特殊必要，禁止中国公民在国内所有公共场合使用给中国人起的西语名字（以及日本名字）。

其三，禁止所有媒体（包括公开传播的自媒体）上对汉语的规范写法作出任意的变动，

---

[6] 顺便一提，当我们正式使用汉语拼音方案时，当时就有一位西方学者（笔者记得好像是澳大利亚人）就预言，未来汉语将充斥字母词。果然，即将如此。然而，毕竟还没到那个地步！

[7] 游汝杰（2021）以"汉语研究的当代观和全球观"为题撰文。谨以本节响应。

包括任意用字母或字母缩略替换规范汉字（以及用日本假名与日制汉字替换规范汉字）。违者应给予必要处罚。

(5)必须坚持反映今天中国的国际胸怀与传统情怀这两个相对方面。为此，应允许出版字母词辞书或语文辞书附编字母词。词典收录字母词，反映字母词在汉语中的必要存在，属于辞书的正常功能，并非表示允许字母词泛滥。对特殊读音的字母词应该注音。应该在字母词的释义部分尽量提供汉语简称。

(6)国家的语言文字管理或研究机构、网络管理机构应该主动积极，有所作为。对所有不利汉语纯洁的行为，应该在公开场合及时表态，并在谨慎周到的基础上及时采取必要的措施，以发挥规范职能，维护通用语言文字。所有国家机关都应负起纯洁汉语的责任。任何机关与工作人员对此的失职，都应追究责任。

2. **完善拼音方案**。《汉语拼音方案》已经推行几十年了，应该在适当时间组织专家围绕《汉语拼音方案》展开一次专业性讨论，检讨一下实践带来的结果与困扰，研究修订拼音方案及其延伸文件。如果能从学理到实用达成一系列符合汉语的决定，与时俱进，那么汉语将会暂时纾解目前面临的困扰。具体如下：

**甲、重新确定名称音**。建议尽量靠近英语名称音，让英语名称音部分汉语化，取一个折中的方案。建议采取柔性的改读规则，具体如下：

(1)与汉拼一致或近似的不予改动，如：A/a [ei]、F/f [ef]、K/k [kʰei]、M/m [em]、O/o [əu]、S/s [es]

(2)消除英语读长音的硬性规定，允许读成汉语音节的长度，如：B/b [bi(:)]、C/c [si(:)]、D/d [di(:)]、E/e [yi(:)]、P/p [pʰi(:)]、T/t [tʰi(:)]、U/u [ju(:)]

(3)基本保持英语原读，如：C/c [si(:)]或[ɕi]、I/i [ai]、N/n [en]、Q/q [kʰju(:)]、W/w [dʌblju(:)]、X/x [ekʰs]、Y/y [wai]

(4)英语的浊辅音读法可以保留，但也允许某些塞音/塞擦音读成清辅音，如：B/b 读[bi(:)]或[pi]、D/d 读[di(:)]或[ti]、G/g 读[dʒi(:)]或[tɕi]、V/v 读[vi(:)]、Z/z 读 [zi(:)]

(5)为了适合中国的情况，有些必须适当变读，如：H/h 的[eitʃ]是否可改读为[eitɕʰy]、J/j 的[dʒei:]改读为[dʑie]或[tɕie]、允许 L/l 后带一个元音[el(ə)]或[el(u)]、R[a:]则读成带儿的[aɚ]。

实践与学理都证明，某语言里可以允许在借词范围内存在另一语言的音位或音位组合。但又必须适当变异或折中以适应借入语言的环境。英语、日语早已证明这是可接纳的。英语接受法语词，日语接受英语词，无不语音有所妥协 [8]。"阿 Q"与 WiFi 已经证明这是个不容否认的可能性。拉丁字母是借来的西语形式，当然可以允许它有不同于汉语音系的一些名称音 [9]。这样的一种折中型名称音也将有利于中国人及早接触英语的语音系统，有利于培养多语人。

**乙、调整字母形式**。中国人现在对拉丁字母与英语已经不再陌生，当初的一些想法经过

---

[8] 众所周知，英语里有许多法语读音。日语为了接受外来语的外来读音 1990 年还专门制订了"外来語の表記"共两个表，在规范角度宣布这些外来读音或音位组合的合法性。

[9] 游汝杰(2021)也认为"新生的语音现象改变汉语的音系，例如新增［v］声母和来自英文的浊声母［b］"。但他认为北京人在发"新**闻**、为**了**、**微**笑"时已发成[v-]；"关于 v 声母，20 世纪 80 年代曾有调查报告"。上说则不尽如此。北京人在发"闻、为、微"时，w 确有唇齿化的现象，但这只是半元音[ʋ]，并非英语的［v］，在音位或音系上仍属于[w]，是[w]的异体，二者不可混淆。

实践，应该与时俱进，做出适当调整。例如当初为便于书写而采用"ɑ、ɡ"形式，现在则也应该允许使用另一种印刷体形式"a、g"。

又如 ü，电脑上无键位表示。中国已是电脑的最大生产国，而至今电脑键位不能表现 ü。我们的电脑工厂也许根本就没想到要研制输入汉语拼音的软件。这真是个讽刺。它迫使外交部"公然违反"拼音方案，在护照上以 yu 代替 ü。而有关语言机构对此只能默认这样的"非法"修正。既然护照上可以如此调整，那么何不完全取消这个令人困扰的字母。再如，汉拼方案上等同双字母的另一些形式：ng 作 ŋ，ch 作 ĉ，sh 作 ŝ，等等，至今无一例实行，已经证明为虚设，应当正式予以删除。

**丙、修订正词法。**2012 年国家技术监督局-06-29 批准、发布，并于同年 10 月 1 日实施了《汉语拼音正词法基本规则》[10]。该规则 2.1.1 规定："汉语人名中的姓和名分写，姓在前，名在后。复姓连写。双姓中间加连接号。姓和名的首字母分别大写，双姓两个字首字母都大写。"规定中对双名没有特别说明，但举例中确认是双名连写。例如梅兰芳为 MéiLánfāng，诸葛孔明为 ZhūgěKǒngmíng，张王淑芳为 Zhāng-WángShūfāng。这些规定显示"规则"并未参透汉语的特点，却显示基于西语 word 基础上的理解，依然以西语的姓名书写习惯来套汉语。中国人的姓+双名，实际上大都是三个单独成分的散性组合。双名应该相当于两个分写词，往往一个是辈分的排名，一个才是个人的区别名。例如毛泽东与毛泽民排名，"泽"是一个独立单位，"东"或"民"是另一个独立单位，二字都应有特殊独立的地位，完全不同于西语中的"名"。语言学大师赵元任、李方桂，他们就正确地把握住了自己"名"的拼写：赵元任拼为 Yuen Ren Chao，李方桂则写为 Fang-kuei Li。他们为了适应在美国的生活，把姓后置了。但"名"却维持住了汉语的特点，保住了中国的文化。

我们高兴地注意到中国女排，在最近几年的队服上一改以往的拼写，把双名中的两个字的首字母都表现了出来，例如 GONG X.Y.（龚翔宇）、LIU Y.H.（刘晏含）。按照国际的对应习惯，就是 GONG Xiang Yu 和 LIU Yan Han。但为了尽可能表达姓与名的分别以及双名中二字的相对独立意义，可以采用李方桂式的表"名"法，用短横连接名字里的两个字，如 ZHOU En-Lai（周恩来）和 DENG Xiao-Ping（邓小平），以及 GONG Xiang-Yu（龚翔宇）和 LIU Yan-Han（刘晏含）。另外我们要点赞女排的做法，对外时"姓"大写，仍然置于首位。姓名的位序是一个民族的文化，所有的专名在对外时，必须得到他国的尊重和保护，不应该迎合西人而倒置。这如同我们尊重西方那样，将进入中国书刊媒体的西方人依然维持"名·姓"序称之。如：富兰克林·德拉诺·罗斯福，亨利·艾尔弗雷德·基辛格，诺姆·乔姆斯基，而未改为适合中国人的"姓·名"序。希望我们的国人也应有此自觉，中国人的姓名不必迎合西方而改动位序。西方也应该尊重并适应其他民族的文化表达。

这仅仅是其中突出的一例。我们应该全面审视一下"正词法"，以便反映汉语很多地方基于"字"的语言特质。

3. **超前研究。**目前字母参构词的挑战具有深刻的语言理论与语言实践价值。我们处于英语对各种语言的挑战，以及主权国家顽强维护民族语言生存并发展这二者互动的世界中。我

---

[10] 该规则于 1982 年开始草拟，并于 1984 年 10 月经原中国文字改革委员会批准发表的《汉语拼音正词法基本规则(试用稿)》的基础上，经过多次修订而成。成为国家标准（GB/T 16159-2012）。

们应该研究在这二者之间的张力战略。

我们必须对汉语汉字的走向，对汉语与英语、汉字与字母之间的互动关系，以及世界通用语言的前景，做超前研究，须要突破传统思维，准备多种预案。

我们提倡多语生活，但又如何应对外来语言的影响？语言是工具，又是文化。我们还要不要完全坚持汉语汉文的全部特性？我们的汉语可以容受多大的冲击而仍维持汉语的特点？

我们有无可能与必要设计多种便于国际教学的汉语汉字的发展方案，以利于未来交流？

在走向多语生活的同时，希望记取向俄语一面倒的教训，让外语学习有更多的选择，而不是全国只学英语。

我们是否应该有一种类似世界语（Esperanto）那样有包容性而更为规则易学、对每个族群与语言都更多点中立与公平的人工语言，让人们选择学习？一个像希伯来语那样的死语言居然能复活，一个人工 Esperanto 在英语的压力下居然至今还活在一群爱好者嘴里和笔下，这太值得我们思考了。像中国这样一个 14 亿体量级的语言群体完全有责任并有能力去推动一项语言工程。世界也需要一个对各民族更平衡更中立的世界通用语，让世界多一个选择。

我们需要在维护民族语言文化与提高国际化二者之间研制多几种平衡方案。世界需要语言公平。

**参考文献**

顾晓微，2016.《现代汉语词典》字母词收录与修订情况分析，《中国科技术语》第 5 期。

刘青，2014. 关于科技名词中字母词问题的探讨，《中国科技术语》第 2 期。

张铁文，2013. 字母词使用是语言接触的正常现象，《北华大学学报》（社科版）第 2 期。

张铁文，2017. 汉语词典收录字母词的进程，《辞书研究》第 5 期。

周庆生，2004. 主流媒体应慎用字母词，《科技术语研究》第 2 期。

游汝杰，2021. 汉语研究的当代观和全球观，《语言战略研究》第 3 期。

（史有为　shiyw2008@126.com）

# Reanalysis and New Countermeasures of Letter Words

## SHI Youwei

**Abstract:** Letter words have problems with names. The complexity of alpha-containing words can be discussed from nine aspects: character form, correspondence with original words, language, semantic type, professionalism, pronunciation, application, standardization and stability, and independent expression of words. The characteristics of acronyms can be understood from six aspects: correspondence rate, transparency, homogeneity, stability, simplicity, de-abbreviation, and internationality. Letter words are a challenge to today's language life. We must deal with the current challenges from three aspects: strengthening the standard, improving the "Hanyu Pinyin plan" and making advance research.

**Keywords:** Letter words; The acronym; Chinese abbreviation; The challenges and Countermeasures of letter words

# 汉英日术语对译及其类型例说

## ——以日本"国语研"官网所示术语为例

### 刘海燕

中国传媒大学

**提要：** 术语对译是国际学术交流的基础。根据日本国立国语研究所官网的日英对译，加入汉语术语对照分析，可以看出：从历史渊源和现阶段表达习惯来看，汉日都有可沟通的基础；从现阶段日英对译来看，"直接"借用的音译方式较多；而从现阶段汉英日对译的需要来看，有明确的汉字词形式可以提高术语的透明度。本文分析汉英日语言学术语对译的可行性、难点和解决办法，希望所涉具体处理方式对其他领域术语的确立有借鉴意义。

**关键词：** 语言学术语　　汉英日对译　　音译

## 零. 有关汉英日术语对译

汉语的"术语"即日语的"学術語"。术语是科学研究的基础，术语对译是学术成果进行国际交流的需要。本文根据日本国立国语研究所官网（https://www.ninjal.ac.jp/）的日英对译，调查其中的语言学和语言教学研究术语，并进行汉语术语对照分析。我们所做的这项调查工作的初衷如下。

其一，中国术语学跟西方术语学有不同的渊源和传统。今天，中国术语学建设与国际接轨已成为重大课题，这个课题应该包括西语术语汉化和中国术语外译两大部分，二者相辅相成。从索绪尔的结构主义语言学到乔姆斯基的生成转换语言学，语言学和语言教学研究的术语都以英语研究为主导。印欧语的研究术语，往往存在与汉语难以对应的问题，目前不少术语的汉语对译，存在望文生义晦涩难懂或者产生误解的问题。对我们来说，"原汁原味"地理解、把握语言学和语言教学研究的英语术语是一回事，使用准确明白的汉化术语表述自己的教学和研究是另一回事，两者并不矛盾，也不能以前者取代后者。

其二，中国人对汉语的认识和研究，以及汉语"对内"和"对外"的教学，都有悠久的历史和丰富的经验，其中结合汉语实际的自源术语，应该受到海内外学者充分关注。跨文化交流中，术语翻译以及传播必定是双向/多向的，不仅有外来术语的翻译、定型和接受，同时还有中华思想文化术语的外译和推广。2014 年我国开始的"中华思想文化术语传播工程"，已经进行了 900 个术语的 30 个语种的翻译工作（韩震 2020），希望以部分术语征求学界的意见建议。

其三，汉英-英汉术语对译参照点可以是日英对译。随着国际中文教育工作的迅猛发展，国别化研究日益深化，日本的相关研究值得我们重视。由于日语书面语中保留着汉字，在汉英日对译中，汉字是否可以发挥"正迁移"作用，推进学术交流的广度和深度，需要我们试着去回答这个问题。

日本国立国语研究所（英语名称 National Institute for Japanese Language and Linguistics，英语简称为 NINJAL，以下都采用日语简称"国语研"）成立于 1948 年，1974 年开始设置"日本語教育部"，现阶段国语研除了行政管理部之外有 5 个研究系和 2 个中心，"日本語教育部"是 5 个研究系之一。可以说，国语研是日本的语言学研究以及日语二语教学研究的国家级机构，国语研官网的日英对译可以看作语言学和语言教学研究术语的规范翻译，我们希望从中探究汉英日术语对译的必要性和可行性。本文拟将调查工作的部分进展汇报于下，希望得到各方面的建议与指导，也希望所涉具体处理方式对其他领域术语的确立有借鉴意义。

## 一．汉英日术语对译示例

在国语研官网的日英对译基础上，加入汉语术语比较，可以窥见汉英日三者对译的几种类型。

（一）汉日同形，理解无障碍。

汉日同形的词语，意思用法都很接近。例如表 1 中的汉语和日语词"集成"同形同义，但是英文对译中"集成"的意思没有出现。

| 汉语 | 日语对应词及其上下文 | 国语研官网上对应的英语 |
|---|---|---|
| 多文化共生社会，教育，研究 | 多文化共生社会における日本語教育研究 | Study on Teaching and Learning Japanese as a Second Language in a Multicultural Society |
| 方言，保存 | 消滅危機方言の調査・保存のための総合的研究 | General Research for the Study and Conservation of Endangered Dialects in Japan |
| 全国，集成 | 全国方言談話データベース　日本のふるさとことば集成 | Japanese Dialect Database |
| 普遍性 | 対照研究 ： 温度表現の普遍性と個別性 | Contrastive Study: Universality and Uniquness of Temperature Expressions |

表 1：汉日术语同形同义例举

有时日语采用繁体字或者异体字形式，基本不影响理解。例如：

| 汉语 | 日语对应词及其上下文 | 国语研官网上对应的英语 |
|---|---|---|
| 调查，综合 | 消滅危機方言の調査・保存のための総合的研究 | General Research for the Study and Conservation of Endangered Dialects in Japan |
| 谈话 | 全国方言談話データベース 日本のふるさとことば集成 | Japanese Dialect Database |
| 实证 | 言語の普遍性及び多様性を司る生得的制約 ： 日本語獲得に基づく実証的研究 | Linguistic Variations within the Confines of the Language Faculty: A Study in Japanese First Language Acquisition and Parametric Syntax |
| 个性 | 対照研究 ： 温度表現の普遍性と個別性 | Contrastive Study: Universality and Uniqueness of Temperature Expressions |

表 2：汉日术语异体字例举

表 2 中日语的"個別性"汉语习惯表达是"个性"。

（二）汉日习惯词形不同，但可推测对应。

例如在"消滅危機方言の調査・保存のための総合的研究"这个上下文中，"消滅危機"可以识别出汉字词"消灭""危机"。参照英文对译"General Research for the Study and Conservation of Endangered Dialects in Japan"，可知"endangered language"即"濒危语言"，所以"消灭危机方言"即"濒危语言/方言"。日语的"保存"在汉语中习惯使用的是"保护"，"保存"和"保护"语义略有不同，但是基本上可推测对应。又例如：

| 日语上下文和对译词 | 英语上下文和对译词 | 汉语可对译词 |
|---|---|---|
| 多角的アプローチによる現代日本語の動態の解明 | Exploring Variation in Contemporary Japanese: Multiple Approaches | 多角度（探讨）解析说明 |
| 日本語を母語あるいは第二言語とする者による相互行為に関する総合的研究 | Studies of Interaction by Speakers of Japanese as a First or Second Language | 互动 |

表 3：汉日汉字词术语推测意义例举

日语的"多角的解明""相互行為"，汉语没有，汉语的习惯表达是"多角度解析""互动"等，但是对上述日语术语我们可以理解和推想意义。

（三）日英对译只采用音译，需要用汉字确立对应的术语形式。

国语研官网的日英对译，有不少是音译。日语使用片假名拼写西语外来词，英语用字母拼写日语专有名词，二者都是音译。

日语音译英语的情况例如：日本語学習者会話ストラテジーデータ，英文对译是
"Conversational Strategy Data for Japanese Language Learners"。"データ"就是英语"data"
的发音，数据的意思；"ストラテジー"是英语"Strategy"的发音，策略的意思。

英语音译日语的情况例如：日本語レキシコン—連濁事典の編纂，这是对日语词汇中一
类连读音变的词语的全面描述分析的词典，英文对译是"The Japanese Lexicon: A Rendaku
Encyclopedia"，日语的"連濁"英语对译是音译"Rendaku"。

这两种音译都可以看作日语词库和英语词库中没有对应的词，需要寻找更合适的对译形
式。"Strategy"可以翻译为汉语的"策略"，"日本語学習者会話ストラテジーデータ"即
"日语学习者会话策略数据库"。"連濁事典の編纂"可以翻译为汉语的"浊音连读音变词
典的编写"，再进一步进行英语对译。

## 二、汉英日术语对译的需要

汉英日术语的对译有利于深入交流探讨语言学问题。例如，现代语言学确立了"language"
和"speech"的概念，汉语对译为"语言"和"言语"。日语的"言語"可以整体对应汉语的
"语言"，日语的"言葉"和"ことば"可对应"speech"。

| 英语 | 汉语 | 日语 |
| --- | --- | --- |
| **language** | 语言 | 言語 |
| **linguistics** | 语言学 | 言語学 |
| **speech** | 言语 | 言葉，ことば |

表 4：汉英日语言学术语对译例举

从历史渊源和现阶段表达习惯来看，汉日都有可沟通的基础；从现阶段日英对译来看，
音译方式的"直接"借用较多；从现阶段汉英日对译的需要来看，有明确的汉字词形式则能
够提高术语的透明度。下面再举出三个例子。

（一）词、词汇、语汇

汉语研究中经常讨论到"词"和"短语"界限不明的问题，经常讨论到汉语的"词"跟
英语的"word/lexicon/vocabulary"等概念不同的问题。根据[德]哈杜默德-布斯曼著《语言学
词典》（陈慧瑛编译主编，商务印书馆 2003 年出版）、[英]戴维-克里斯特尔编《现代语言学词
典》（沈家煊译，商务印书馆 2000 年第四版）和中国大百科全书第三版网络版（2021 年 7 月
24 日发布）释义进行汉英术语比照如表 5：

| 词条 | 语言学词典 | 现代语言学词典 | 中国大百科全书 |
| --- | --- | --- | --- |
| **lexis/lexicon** | 词库 | 语言学的词汇 | 词汇 |
| **vocabulary** | （未收录） | 日常用语的词汇 | 词汇 |
| **word** | 词 | 词 | 词 |

表 5：三种语言学词典的词条释义例举

日语中有"詞/レキシコン/語彙"，没有"詞語"。从日英对译来看：

➢ 複合動詞レキシコン，英文对译是 Compound Verb Lexicon。

➢ 「レキシコン・フェスタ」 国立国語研究所 理論・構造研究系 プロジェクト成果合同発表会，英文对译是 Lexicon Festa: General Conference on Project Results from the Department of Linguistic Theory and Structure at NINJAL。

➢ 日本語レキシコンの音韻特性，英文对译是 International Conference on Phonetics and Phonology。

➢ 語彙調査データ，英文对译是 Vocabulary Survey。

从上述示例可见，日语的"詞""レキシコン"和"語彙"有所分工，用"詞"对应个别的词或者词类，用"レキシコン"对应语言学术语"词汇"，用"語彙"对应日常生活用语"词语"，不失为较好的解决方案。汉语中"词/词汇"构成一对术语，"词语"和"语汇"为非学术性用语，不妨学习日语用"语汇"对应"vocabulary"。

（二）方言和土话

现代语言学中"dialect"是比较通行的术语，汉语和日语都用同样的汉字词"方言"来对译。但是汉语还常用"XX 话"（南方话、广州话）"XX 语"（闽语、粤语）"XX 口音"（保定口音、南方口音）等表示"地方话"，从文化传统来说，中日两国对语言、口语、书面语以及方言、土话、乡音等概念的认识理解比较一致，与印欧语言则不完全一样，日英对译存在不一致现象：

➢ アクセントと声調に関する国際シンポジウム （ISAT 2010），这个会议名中，"アクセント"即"accent"。

➢ 東京語アクセント資料，英文对译是 A Dictionary of Tone-accent on Words in the Tokyo Dialect，其中的"Tone-accent"强调语音语调。

➢ 沖繩語辞典 データ集,英文对译是Okinawa-go (Ryukyu Dialect) Dictionary Database，"go"是日语的"ご"（即汉字词"語"的音译）；"Ryukyu Dialect"则是地名加方言。

➢ 全国方言談話データベース 日本のふるさとことば集成,被简单地翻译为 Japanese Dialect Database。"ふるさと"是日语汉字词"故里"的发音，"ふるさとことば"研究，包含有音无字的录音录像、田野调查等含义，在英语对译中都被省略掉了（汉字词"集成"的意思在英语对译中也省略了）。

从上述示例来看，"方言"是比较正统的术语，指语音、词汇和语法在地域上的系统性差异；"口音"专指方音，更多的是指超音段的音调；土话是指一个很小的地点的方言， "XX话"的说法比较随意，没有"方言区"的划分。以下是三种辞书的对照：

| 词条 | 语言学词典 | 现代语言学词典 | 中国大百科全书 |
|---|---|---|---|
| **dialect** | 方言（总概念），土话，语言变体等。 | 方言 | 方言 |
| **accent** | （未收录） | (1)口音；(2)重读。 | 腔 |

| tone | 声音，音调 | (1)声调，音调；(2)单音。 | （未收录） |
| intonation | 语调 | 语调 | （未收录） |
| vernacular | （未收录） | 土话，本地话 | 土话 |

表 6：三种语言学词典中关于"方言"的释义

从语言学词典词条收录和翻译来看，印欧语言研究中所说的"方言"，跟东北亚地区"土话""口音""乡音"等概念不完全相同。汉英日术语的对译，需要统一"书面语/共通语""口语"等术语。可采用术语"方言"，"アクセント""ふるさとことば"等不作为术语使用，如果需要英文对译就需要详细表明。

（三）实用和适用、应用

2014 年 3 月召开的"NINJAL 国際シンポジウム第 8 回日本語実用言語学国際会議（ICPLJ8）"，国语研官网的英文对译是" The NINJAL International Symposium The 8th International Conference on Practical Linguistics of Japanese [ICPLJ8]"，显然日语的"実用言語学"的英文对译词是"Practical Linguistics"。

英文"practical"的汉语直译是实用、实践、适用。但是汉语中的"实用语言学"相当于语言学知识科普，指的是生活中的语言学。汉语的"适用语言学"或许相当于"应用语言学"，而应用语言学的英文对译是"applied linguistics"。

| 词条 | 语言学词典 | 现代语言学词典 | 中国大百科全书 |
| --- | --- | --- | --- |
| **practical linguistics** | （未收录） | （未收录） | （未收录） |
| **applied linguistics** | （未收录） | 应用语言学 | 应用语言学 |
| **pragma-linguistics** | 语用语言学，篇章语言学 | 语用语言学 | （未收录） |

表 7：三种语言学词典中有关词条

如表 7 所示，《语言学词典》pragma-linguistic 的英文解释是 theory and practice。出处为 J.L.Mey[1979]。我们建议保留汉字形式的"应用语言学"对应 applied linguistics ，"语用语言学"对应 pragma-linguistic，也可以引入 practical linguistics，用"实用语言学"来对应。

从以上几组语言学术语的汉英日对译，我们可以设想三级术语管理：

第一级是国际学科级术语，也即国际通用级。例如：词汇，词，方言，应用语言学，语用语言学等，这些术语有明确的汉英日对译词语。

第二级是中国和日本习惯的汉字词术语。例如：语汇，土语等，这些汉字词术语进行英文对译的时候，尽量用解释性的词语，而不是音译。

第三级是非国际学科级术语，适用于汉语和日语的常用语。例如：口音，乡音，土话等，可以不采纳为术语。

这样就改变了绝对性的处理法，更柔性也更人性化。

## 三．汉英日术语对译的难点和解决尝试

术语的汉日对译存在三种情形：a 传统的术语，汉日有较多共同的汉字词，汉日交流有较好的基础，有些传统的术语已进入生活常用语；b 较新的术语，较少在日常生活中使用，这一类状况比较混杂，汉字词和音译词都有，如果加以整理会得到明确；c 专业性很强的术语，日常生活中不使用，现在学术界的交流也不太多，日英互译时多数采用音译。汉英日术语对应有如下难点。

（一）有人会觉得汉字难写难记难认。

日本规定 1945 个常用汉字之后，一些不常用的汉字直接用假名形式了。日语中已有汉字词的词语也用假名音译方式，就出现了同一个词有不同词形的并立。例如日语有汉字词"博物館"，又有"ミュージアム"是英文"museum"的音译。

又例如"拟音词"与"オノマトペ"并存：

➢ 擬音語って？擬態語って？－日本語を楽しもう！, 英文对译是 Japanese Onomatopoeia Reference for Learners。

➢ 東北方言オノマトペ用例集，英文对译是 Usage Examples of Mimetic Vocabulary in Tohoku Dialects [Onomatopoeia ]

国语研官网音译词形式的"オノマトペ"比汉字词"擬音語、擬態語"用得多。

（二）有人会觉得音译非常"方便"。

实际上有些西语音译，并不是西语人自己的翻译，而是日本代为音译，只是为了方便和减省。

例如："レキシコン・フェスタ"是英语" Lexicon Festa"的音译，而"Festa"是英语"Festival"的日式减省，是一种"日制英语词"，"レキシコン・フェスタ"汉语翻译应该是"词汇专题日"。

音译意译并存，甚至是日式的音译减省，增加了词汇系统的混乱程度。仅仅使用"简便"的音译常常显得比较"潦草"。国语研官网上一些古语词，例如，训点、纳言等，多使用音译，词语含义变得模糊、干瘪。日语中一些书面表达形式、文言表达形式，例如"国语研の窓"被简单地音译为"NINJAL no mado"，不方便不懂日语的人士理解。

（三）有人会觉得如果不用音译，会改变术语原有的内涵与外延。

国语研所长田窪行则的学术研究视野的介绍，采用关键词介绍方式，有 21 个关键词（日语是"キーワード"），从意义看可以分为三个方面：

(1)语言学本体研究 14 个：

syntax，modality，指示词，アスペクト，テンス；

semantics，意味論，言語ドキュメンテーション；

pragmatics，モダリティ，形式語用論，談話管理理論；

認知的マッピング，メンタル・スペース。

(2)应用语言学研究 6 个：

アクセント，危機言語，Ryukyuan，喜界島方言，Ikema，池間方言。

(3)外语研究 1 个：

韓国語

从词形表现看有 4 种：

(1)片假名形式 5 个：アクセント，アスペクト，テンス，モダリティ，メンタル・スペース。

(2)英文形式 6 个：Ryukyuan，pragmatics，semantics，syntax，Ikema，modality。

(3)汉字形式 8 个：危機言語，意味論，韓国語，喜界島方言，池間方言，形式語用論，談話管理理論，指示詞。

(4)汉字和假名合用形式 2 个：言語ドキュメンテーション，認知的マッピング。

这里的学术研究视野的介绍可以看作比较前沿、比较严谨的术语。国语研在英文网页的处理方式是：

采用英文和翻译为英文的8个：accent and tone，endangered languages，Ryukyuan，pragmatics，semantics，syntax，Ikema，modality；

采用原来的日语表现不改变的 13 个：アスペクト，テンス，言語ドキュメンテーション，意味論，韓国語，喜界島方言，池間方言，認知的マッピング，形式語用論，モダリティ，談話管理理論，指示詞，メンタル・スペース。

这样做的好处是全面周到，例如用日语写作的"意味論"和用英语写作的"semantics"作为两个关键词出现，术语内涵与外延大概是略有不同的。这样做的坏处是，术语多，琐碎，不方便交流。例如"池間方言"和"Ikema"显得重复。

我们尝试进行术语的对应整理，整理的原则是：

(1)日语有汉字词形式的，尽量采用日语的汉字词。例如"指示词、形式语用理论、韩国语、喜界岛方言"。

(2)尽量用汉字词合并基本等同的音译词。例如"意味論"，日语的"意味"表示汉语的"意思、意义"，汉语"语义学"与英语"semantics"对译，因此可以将"意味論"与"semantics"对译，减少术语的数量。

(3)日语使用片假名形式，视作汉字词空缺，可以考虑使用汉语通常对英文术语的翻译形式。例如"言語ドキュメンテーション"可以确立汉字词"语言文本"，"認知的マッピング"，可以确立汉字词"认知映像"（而不是"认知地图"）。又例如"心理空间、模态、体、时态"等，希望日本学界也能适应和接受这些汉字词。对于中日术语交流来说，汉字词术语透明度高，这样确立术语意义和形式，会更好地确立交流的基础，扩大交流的范围。

(4)汉日汉字词有不同词形的，可以有一个互相适应的过程。例如日语"談話管理理論"，"談話"英文是"discourse"，汉语通常对译为"话语"，现在"discourse"也用来对应"语篇"。有关话语研究的语言学理论，汉语比较常用的是"话语分析理论"（discourse analysis）。

将上列语料列表如下：

| 日语形式 | 英语网页 | 尝试对译英语 | 尝试术语提取 |
|---|---|---|---|
| syntax | syntax | syntax | 句法学 |
| 指示詞 | 指示詞 | demonstrative | 指示词 |
| アスペクト | アスペクト | aspect | 体 |
| テンス | テンス | tents | 时 |

| | | | |
|---|---|---|---|
| semantics | semantics | semantics | 语义学 |
| 意味論 | 意味論 | semantics | 语义学 |
| 言語ドキュメンテーション | 言語ドキュメンテーション | language documentation | 语言文本 |
| pragmatics | pragmatics | pragmatics | 语用学 |
| 形式語用論 | 形式語用論 | Formal pragmatics | 形式语用理论 |
| modality | modality | modality | 模态 |
| モダリティ | モダリティ | modality | 模态 |
| 談話管理理論 | 談話管理理論 | discourse management | 话语分析理论 |
| 認知的マッピング | 認知的マッピング | cognitive mapping | 认知映像 |
| メンタル・スペース | メンタル・スペース | mental space | 心理空间 |
| アクセント | accent and tone | accent and tone | 方音 |
| 危機言語 | endangered languages | endangered languages | 濒危语言 |
| Ryukyuan | Ryukyuan | Ryukyuan | 琉球方言 |
| Ikema | Ikema | Ikema | 池间方言 |
| 池間方言 | 池間方言 | Ikema dialect | 池间方言 |
| 喜界島方言 | 喜界島方言 | Kikaijima dialect | 喜界岛方言 |
| 韓国語 | 韓国語 | Korea | 韩国语 |

表 8：专业术语汉字词和音译词并立示例

由汉字词确立术语后，术语数量减少，或许造成术语内涵外延变化。例如，汉语的"方音"包括元音辅音，"accent"可能更多指的是非音段成分。英语的"accent"对译为汉字词"方音"后，"accent"所指的"地域声调"或"地方口音"等具体含义会变得模糊。又例如日语的"解明"与汉语的"解析"有可能不完全对等，存在概念大小或搭配关系不同等区别。但是我们认为，如果过于强调术语的精确内涵和彼此差异，会让使用者望而却步，术语用不起来，传播不出去，影响力就会下降，不利于科研展开与交流。

（四）汉字词也会有"干扰"作用。

例如：

統語・意味解析コーパスの開発と言語研究，日语的"統語"一词在汉语中没有。

根据英文对译来看：

Exploiting Parsed Corpora: Applications in Research, Pedagogy, and Processing（Development of and Linguistic Research with a Parsed Corpus of Japanese）

英文对译中"統語・意味"的对译词也没有出现，"統語"所表达的意思被减省了。由"Parsed Corpora"是汉语"解析语料库"的含义，可以推测是"句法语义标注和解析语料库"。

我们认为，日语汉字词的术语如果有难于理解并可能导致干扰时，可以有两种处理方式，其一是用辞书形式确立下来，硬性规定。其二是以汉语为主，再次翻译。一般而言，术语对译整理可以在"遵从习惯势力"与"遵从理据性"之间寻找平衡。为了避免可能的误解，后者仍应该占主导地位。

## 四. 结 语

本文从日本国立国语研究所官网日英对译的语言材料入手，尝试观察和提取其中语言学和语言教学研究术语。我们的调查工作显示，汉日原本存在许多共同的汉字词，有助于汉日术语交流和对译，我们希望通过设置不同情况的术语管理——国际通用的术语、汉语日语习惯性术语以及民间日常用语，来明确各种术语的形式和意义，处理各种术语的汉英日对译。尽量少用音译，多用中日两国都能认可的汉字词术语。这样做有助于减少术语并立，有助于术语的意义明晰，从而扩大术语在国际交流中的影响力。中日两国学者需要讨论是否共同确立术语的汉字词形式，前提是相互尊重，了解彼此的研究手法，这样将为进一步展开术语交流筑好基础。以上示例为初步观察，仅为抛砖引玉而已。

**参考文献**

冯志伟，2011. 现代术语学引论[M].北京:商务印书馆 2011.9。

何华珍，2004. 日本汉字和汉字词研究[M].北京:中国社会科学出版社。

李宇明，2006. 中国的话语权问题[J].河北大学学报(哲学社会科学版),2006(06):1-4.

刘晓红，1999. 科技日语中"汉字词"的特点及其翻译[J].华东冶金学院学报(社会科学版),1999(04):102-104.

刘晓丽，2010. 基于中日常用字对比的对日汉字教学[M].北京:中国社会科学出版社.2010。

潘 呈等，2018. 试论体育术语的日译汉策略——以《天声人语》社论新闻栏目的体育术语为例[J].戏剧之家，2018(14):216-217.

裴亚军，2020. 科技名词审定工作的性质、任务和组织[J].中国科技术语,2020,22(01):5-8.

史有为，2008. 英制度度量衡单位与中西日交流[J].《南大语言学》第三编，北京：商务印书馆 2008(p195-231).

徐一平等，2002. 中日对译语料库的研制与应用研究[M].北京:外语教学与研究出版社。

王金玲，2010. 日汉机器翻译系统中术语自动翻译技术的研究[D].沈阳航空工业学院,2010。

张麟声，1993. 汉日语言对比研究[M].北京:北京大学出版社.1993。

赵 琪，2021. 创建多语言学术交流环境[N]. 中国社会科学报,2021-03-22(002).

中国大百科全书第三版网络版（2021 年 7 月 24 日发布）

[奥地利]费尔伯，2011.术语学、知识论和知识技术[M].邱碧华译 冯志伟审校.北京:商务印书馆 2011。

[德]哈杜默德-布斯曼著.语言学词典[M].陈慧瑛编译主编，商务印书馆 2003。

[英]戴维-克里斯特尔编.现代语言学词典[M].沈家煊译，商务印书馆 2000 年第四版。

[日]国立国語研究所，1984.語彙の研究と教育[M].大蔵省印刷局.

[日]日本語教育学会，2010.新版日本語教育事典[M].大修館書店.

（刘海燕　liuhaiyan8856@163.com）

# Several Types and Examples of Terminology Translation between Chinese, English, and Japanese
## ——Take the term on the official website of "NINJAL" , for example

LIU Haiyan

**Abstract** With the increasing international exchange of academic research, terminology translation has become an important project. Based on the translation between Japanese and English on the official website of the National Institute for Japanese Language and Linguistics（NINJAL）, this paper adds the comparison of Chinese terminology. It can be observed that both Chinese and Japanese have HANZI as a basis for communication in terms of historical origin and current expression habits, and in the current Japanese-English translation, transliteration is the main method. However, applying HANZI can improve the transparency of the terminologies. This paper analyzes the feasibility and difficulties of terminology translation between these three languages, and hopes that our specific methods will provide reference for the establishment of terminologies in other fields.

**Key words** Linguistic terminology;　Chinese-Japanese-English comparison;　transliteration